PLAN DE ACCIÓN CONTRA EL
COLESTEROL

Serie *Plan de Acción para la Salud,* de la ACSM
(American College of Sports Medicine)

Plan de acción

contra el

colesterol

Dr. Larry Durstine

**GUÍA PARA PREVENIR EL AUMENTO
DEL COLESTEROL Y MANTENER
UNA BUENA SALUD CARDÍACA**

 Neo Person

Título original: *Action Plan for High Cholesterol.*
Your Guide to Preventing Plaque and Maintaining a Healthier Heart

Cubierta: Rafael Soria

Traducción: Nora Steinbrun

Fotografías: Fotolia - Pág. 37, © Varina Patel; pág. 61, © Gregg Dunnett; pág. 66, © Evali; pág. 78, © Charly_lippert; pág. 185, © Marcel Mooij. El resto, Dan Wendt (excepto las señaladas con otros autores)

Ilustraciones: Figura 2.1, © Human Kinetics; figura 2.2, © P. Dennis/Custom Medical Stock Photo; figuras 2.3, 3.1-3.3 y 4.1, por Kareema McLendon-Foster

© 2006, American College of Sports Medicine
Editado por acuerdo con Human Kinetics, Inc., Illinois (EE.UU.)

De la presente edición en castellano:
© Neo Person, 2008
Alquimia, 6
28933 Móstoles (Madrid) - España
Tels.: 91 614 53 46 - 91 614 58 49
Fax: 91 618 40 12
E-mail: alfaomega@alfaomega.es
www.alfaomega.es

Primera edición: septiembre de 2009

Depósito legal: M. 26.496-2009
I.S.B.N.: 978-84-95973-60-3

Impreso en España por: Artes Gráficas COFÁS, S.A. - Móstoles (Madrid)

Índice

Conoce todos los datos relacionados con el colesterol, los triglicéridos y las lipoproteínas sanguíneas: niveles recomendados, métodos para determinar un perfil de colesterol y formas de mejorar las cifras.

Aprende lo que sucede en las arterias de un corazón enfermo y reconoce el papel que desempeña el colesterol elevado en el desarrollo de la aterosclerosis.

Amplía tu información sobre los beneficios que ejerce la actividad física sobre la salud aprendiendo de qué manera el ejercicio modifica la forma en que el colesterol se mueve por el organismo y favorece el incremento de los niveles de colesterol HDL.

Agradecimientos

Las contribuciones de mis alumnos y mi familia han hecho posible este libro. Agradezco la ayuda que recibí de los alumnos que han trabajado conmigo, incluyendo a Andrea Summers, Rhett Kinard y Adam Sleister. En especial, deseo expresar mi gratitud a mi familia por el apoyo que me ha brindado. A Linda, mi inquebrantable esposa, mejor amiga y compañera durante más de treinta años, deseo hacerle saber que es insuperable. Y a Jason y Mike les doy las gracias por su espíritu alegre, que me ha ayudado a esforzarme al máximo para dar lo mejor de mí.

Introducción

Reducir el nivel de colesterol puede resultar una tarea desalentadora. En los medios de comunicación encontramos a diario multitud de noticias contradictorias sobre el colesterol y la salud, algunas relacionadas con las investigaciones y otras con la experiencia. Hemos elaborado *Plan de acción contra el colesterol* para ayudar a aclarar confusiones y actuar con un plan basado en los últimos avances e investigaciones sobre el tratamiento diario de la cardiopatía.

Nuestro objetivo es hacerte comprender mejor lo que significa el colesterol en sangre, las diferentes maneras de controlar sus valores y la importancia del ejercicio en el desarrollo de un perfil más sano de colesterol y lípidos. El colesterol en sangre es uno de los principales factores a la hora de determinar el riesgo de enfermedad cardiovascular o cardiopatía. Sabemos con certeza que disminuir el colesterol en sangre reduce las posibilidades de desarrollar una cardiopatía, por lo cual este libro aporta diferentes alternativas para llevarlo a cabo y adoptar una forma de vida más sana que no sólo equilibre tu nivel de colesterol sino que mejore tu salud general. También te mostraremos que el tratamiento farmacológico, los cambios en la dieta y la práctica de ejercicio ejercen un papel fundamental en la lucha por reducir el riesgo de sufrir cardiopatías.

¿En qué se diferencia este libro de los demás? Aunque existen numerosas publicaciones relativas al colesterol y la dieta, este libro se centra en el papel del ejercicio físico en la modificación del perfil de colesterol. Ya sabes que el ejercicio es esencial, así que te diremos en qué proporción debes practicarlo y de qué manera integrarlo a tu vida cotidiana como parte de tu plan de acción general. El plan que presentamos se basa en más de veinticinco años de investigación sobre la incidencia del ejercicio en el metabolismo del colesterol. Se basa igualmente en una serie de experiencias personales derivadas del trabajo en el área de la rehabilitación de la enfermedad cardiovascular.

Hemos organizado el libro de manera tal que ya en el primer capítulo te aporte toda la información que necesitas sobre el colesterol como lípido. Cada capítulo parte de esa relación: la del colesterol con la enfermedad cardiovascular, y a continuación expone diferentes métodos para alterar el nivel de colesterol en sangre, como el ejercicio, la dieta y los medicamentos.

Cuando hayas terminado de leer este libro sabrás que el colesterol no es completamente malo: contiene algunas cualidades beneficiosas y participa en varias funciones corporales normales y sanas. Un nivel elevado de colesterol en sangre se relaciona con una serie de funciones corporales anormales, y estas características conducen, en la mayoría de los casos, a varias enfermedades, casi todas ellas de naturaleza cardiovascular.

Es posible que antes de sumergirte en la lectura de estas páginas ya hayas oído hablar del «colesterol bueno» y del «colesterol malo». Después de leer el libro comprenderás que el colesterol se traslada por la sangre de diferentes formas. El colesterol bueno es conocido en la comunidad médica como colesterol de lipoproteínas de alta densidad (HDL), y el malo como colesterol de lipoproteínas de baja densidad (LDL). Descubrirás que algunos métodos (medicamentos, dieta, ejercicio o cualquier combinación) modificarán la presencia del colesterol en la sangre, o reducirán su concentración. También aprenderás que el ejercicio físico aporta muchos beneficios a la salud, incluyendo el incremento del colesterol bueno (cHDL) y la disminución del malo (cLDL), y que el entrenamiento puede complementarse a la perfección con los medicamentos y una dieta sana. Resulta especialmente importante leer el capítulo sobre la intervención de la actividad física, porque allí se especifica la cantidad de ejercicio requerida para provocar cambios en el colesterol en sangre.

A estas alturas deberías estar preparado para comenzar a conocer mejor tu colesterol en sangre y lo que puedes hacer para alterar sus valores. A medida que leas y aprendas, recuerda que el objetivo de este libro es ofrecerte información sobre la función del colesterol en sangre, su importancia en las funciones sanas del organismo y su nivel normal en sangre. Otro de los objetivos es que conozcas los diferentes trastornos provocados por el colesterol elevado —denominados dislipidemias— y su relación con la enfermedad cardiovascular; pero también que te familiarices con una serie de métodos, además del ejercicio, que pueden ayudarte a reducir el nivel de colesterol. La intención general de este libro es que confecciones un plan de ejercicios que te permita controlar tus niveles de colesterol. Suena simple, pero en realidad se trata de un reto que requerirá cierto esfuerzo. Tienes que recordar que tu objetivo final es reducir tus elevados niveles de colesterol y, por consiguiente, disminuir el riesgo de desarrollar una enfermedad cardio-vascular prematura. Esta meta, combinada con una fuerte determinación, te preparará para superar esos desafíos.

CAPÍTULO 1

Domina los conceptos básicos de la hipercolesterolemia

Estás leyendo este libro porque quieres saber más sobre el colesterol. Quizá tu médico te haya informado de que tu nivel de colesterol en sangre se encuentra muy elevado, o tal vez tu pareja u otro miembro de tu familia esté sufriendo este problema y por eso deseas comprender qué significa y cómo superarlo. El colesterol es necesario para muchas de las funciones que lleva a cabo el organismo. Pero cuando presentas una cantidad excesiva en la sangre, te expones a un mayor riesgo de sufrir determinadas enfermedades, en especial de naturaleza cardíaca. Por eso este capítulo contiene información detallada sobre el colesterol y los demás lípidos presentes en la sangre y el organismo. En las próximas páginas aprenderás que es posible modificar los niveles de colesterol en sangre a través de una dieta sana y una rutina diaria de ejercicio físico, dos conceptos fundamentales que resultan cruciales para controlar el colesterol y vivir con salud. Por otro lado, como veremos en capítulos subsiguientes, si tu colesterol en sangre continúa elevado incluso después de haber adoptado una forma de vida más saludable, cuentas con otras alternativas posibles, como ciertos medicamentos o diversas terapias complementarias o alternativas que te ayudarán a controlar dichas anomalías.

Colesterol en sangre y otros lípidos

El colesterol elevado (hipercolesterolemia) es un factor de riesgo de cardiopatía, y en el capítulo 2 explicaremos en detalle la relación entre ambos.

Mientras tanto, recuerda que el colesterol es sólo uno de los diversos *lípidos*, o *grasas*, presentes en la sangre. Aunque el colesterol elevado está relacionado con el desarrollo de cardiopatías, es susceptible de ser modificado, lo cual implica que al reducir los niveles de colesterol en sangre puedes disminuir considerablemente el riesgo de sufrir este tipo de dolencias. En la próxima sección expondremos los detalles del colesterol y otros lípidos en sangre, los componentes del colesterol y sus funciones, y ciertas cifras importantes que debes conocer.

El *colesterol* es una sustancia blanda y aceitosa conocida como grasa o lípido. En cantidades moderadas resulta fundamental para la buena salud, y está incorporado a todas las paredes y membranas celulares. El colesterol resulta esencial en el proceso orgánico de producción de esteroides y hormonas sexuales como testosterona y estrógeno, y es necesario para la síntesis de la vitamina D. Proviene de dos fuentes: el hígado, que produce aproximadamente 1.000 miligramos (mg) diarios, y los alimentos que ingieres, como la carne, la yema de huevo y los productos lácteos. Como explicamos en el capítulo 6, las frutas, las verduras, los cereales, los frutos secos, las semillas y otros alimentos de carácter vegetal no contienen colesterol, por lo que añadirlos a la dieta puede contribuir a reducir el nivel de colesterol en sangre.

Pero si esta sustancia es necesaria para el funcionamiento normal del organismo, ¿cómo es posible que también sea perjudicial? La respuesta es simple. Cierta cantidad de colesterol es importante para el organismo. Sin embargo, cuando los niveles en sangre exceden los 200 mg/dl (miligramos por decilitro), ya corres el riesgo de desarrollar una cardiopatía. En 1985 se publicaron en Estados Unidos las primeras recomendaciones del Programa Nacional de Educación sobre el Colesterol (NCEP), que especificaban que el colesterol en sangre no debía superar los 200 mg/dl. En la actualidad, la actualización del 2002 (NCEP, 2002) mantiene idéntica recomendación.

Un colesterol total elevado es claramente un factor de riesgo de cardiopatía que siempre puede ser modificado. Pero en muchas ocasiones los ataques cardíacos, las cirugías de bypass, las angioplastias y las muertes súbitas cardíacas afectan a personas cuyo nivel de colesterol total no alcanza los 200 mg/dl. Así que una forma más adecuada de calcular el riesgo de sufrir alguna cardiopatía consiste en conocer la proporción de *colesterol bueno* en el colesterol total. La sangre transporta colesterol total en varias formas diferentes, conocidas como lipoproteínas, y éstas también están relacionadas con el desarrollo de enfermedades del corazón (hablaremos de este tema con mayor detalle un poco más adelante, en este mismo capítulo).

El bueno, el malo y el feo

Al hablar de lípidos y lipoproteínas suelen utilizarse los términos *colesterol bueno* (colesterol de lipoproteínas de alta densidad, o cHDL) y *colesterol malo* (colesterol de lipoproteínas de baja densidad, o cLDL). El cHDL recibe el nombre de bueno porque se lo relaciona con un reducido riesgo de cardiopatía prematura. Y por contraste, debido a su asociación con un mayor riesgo de cardiopatía, el cLDL suele ser conocido como colesterol malo. Ocasionalmente, los triglicéridos también cuentan con un mote: se los denomina «lípidos feos» a causa del desagradable aspecto que muestra la placa acumulada en el revestimiento interior de las paredes arteriales, un fenómeno relacionado con los niveles de triglicéridos.

Otros importantes lípidos de la sangre son los triglicéridos y los ácidos grasos libres (AGL). Los triglicéridos cumplen varias funciones, pero son utilizados principalmente como una rica herramienta de almacenamiento energético. Combinan tres AGL en una única molécula que se almacena principalmente en tejido adiposo o graso, pero también están presentes en todos los tejidos corporales, incluidos la sangre y los músculos. Además de almacenar grasa, los triglicéridos participan en la producción de membranas celulares. Los fosfolípidos son lípidos que se parecen a los triglicéridos, pero en lugar de constar de tres AGL agrupados, reemplazan uno de ellos por un fosfato.

Lipoproteínas de la sangre

Los lípidos no se mezclan bien con el agua, al igual que una gota de aceite de cocina vertida sobre agua no se mezcla con ésta aunque la remuevas. Entonces, puesto que los lípidos no se mezclan con el agua y por consiguiente no pueden trasladarse por el organismo, debe existir alguna otra forma de lograr que se desplacen de un punto a otro del cuerpo. En efecto, este movimiento se realiza uniendo los lípidos a unas proteínas llamadas apolipoproteínas (apo). Existen diecisiete apolipoproteínas diferentes, con nombres como apo AI, apo AII, apo B_{48}, apo B_{100} y apo (a). Y puesto que las nuevas partículas son la combinación de lípidos y proteínas, reciben el nombre de lipoproteínas. Se mezclan con la sangre y otros fluidos corporales y en consecuencia se mueven con mayor facilidad por el organismo. Las partículas de lipoproteína contienen colesterol, triglicéridos, fosfolípidos y varias proteínas. Las cuatro clasificaciones generales de lipoproteínas son quilomicrón, lipoproteína de muy baja densidad (VLDL), lipoproteína de baja densidad (LDL) y lipoproteína de alta densidad (HDL). Todas las lipoproteínas mantienen alguna asociación con el riesgo de sufrir alguna cardiopatía (véase tabla 1.1).

Tabla 1.1 Lipoproteínas y riesgo de cardiopatía

Lípido o lipoproteína	Relación con cardiopatía
Quilomicrón	Asociado a un riesgo superior
VLDL	Poco relacionado con un riesgo superior
IDL	Poco relacionado con un riesgo superior
LDL	Muy relacionado con un riesgo superior
Lp(a)	Muy relacionado con un riesgo superior
HDL	Muy relacionado con un riesgo superior
Colesterol	Muy relacionado con un riesgo superior
Triglicérido	Asociado a un riesgo superior

Adaptado, con permiso, de J. L. Durstine y P. D. Thompson (2001): «Exercise in the treatment of lipid disorders», *Cardiologly Clinics: Exercise in Secondary Prevention and Cardiac Rehabilitation* 19(3): 471-488.

• Los quilomicrones se forman durante la digestión y absorción desde el intestino; son los principales transportadores de triglicéridos y son liberados en la sangre durante las horas posteriores a la ingesta de alimentos. Este lapso suele ser conocido como *periodo postprandial* (el lapso inmediatamente posterior a las comidas, que dura varias horas). En ayunas, o cuando no se ha ingerido ningún alimento durante al menos diez horas, los niveles de quilomicrones en sangre son imperceptibles a menos que la persona padezca hiperquilomicronemia familiar, una enfermedad muy poco habitual. Los niveles elevados de quilomicrones en ayunas están relacionados con un mayor riesgo de desarrollar enfermedades cardíacas.

• Las partículas de VLDL se producen principalmente en el hígado y son los principales transportadores de triglicéridos postabsortivos a todos los tejidos corporales (el *período postabsortivo* es el lapso en el que toda la grasa sanguínea originada en la digestión es eliminada, en general ocho horas después de una comida). La superproducción de triglicéridos por parte del hígado recibe el nombre de *hipertrigliceridemia*. Los niveles elevados de VLDL en ayunas están asociados a un mayor riesgo de desarrollar enfermedades cardíacas.

• Las partículas de LDL se forman a partir de la acción de las partículas de VLDL, un proceso denominado *síntesis del receptor de lipoproteína de baja densidad* (LDL). Cuando las partículas de VLDL se convierten en fragmentos menores mediante la acción de una enzima de la sangre llamada lipoproteína lipasa, entran en los tejidos pequeñas cantidades de triglicéridos (por ejemplo, células grasas, células musculares). Una de las porciones creadas en este proceso es la partícula de LDL, que es el principal transportador de colesterol a todos los tejidos corporales. El colesterol LDL (cLDL) predice claramente el riesgo de desarrollar cardiopatía.

• La Lp(a) es una subclase única de LDL porque contiene apolipoproteína(a). Esta partícula se asemeja en su composición química al plasminógeno, otra proteína de la sangre. El plasminógeno participa en una serie de reacciones químicas que disuelven los coágulos de sangre. Debido a que la Lp(a) es químicamente similar al plasminógeno, evita que éste disuelva los coágulos. Como resultado, el proceso de coagulación aumenta, facilitando las etapas finales que conducen al ataque cardíaco. En general, los niveles de Lp(a) superiores a 20 o 25 mg/dl están asociados a un mayor riesgo de cardiopatía prematura. Por desgracia, la Lp(a) es un rasgo hereditario y sólo es tratable mediante medicación.

• Las partículas de HDL se forman en el hígado y el intestino delgado y son liberadas en la sangre. Las HDL actúan en un proceso de movimiento diferente del de las lipoproteínas, llamado *transporte inverso del colesterol*, en el cual recogen colesterol de los tejidos periféricos y lo desplazan hacia el hígado, donde es eliminado de la sangre y expulsado del organismo. Puesto que las HDL devuelven el colesterol al hígado, desde donde es posible eliminarlo del organismo, se las conoce como colesterol bueno y no se las relaciona con el riesgo de desarrollar cardiopatías. Por consiguiente, alcanzar altos niveles de HDL es un objetivo más que deseable para todos.

Transporte de las lipoproteínas

Los lípidos de la sangre, las lipoproteínas y el sistema cardiovascular sustentan el complejo movimiento e intercambio de colesterol y triglicéridos entre el intestino, el hígado y todos los tejidos corporales. Aunque existen varios procesos de transporte de lipoproteínas, aquí nos referiremos a dos (síntesis del receptor de LDL y transporte inverso del colesterol), que, si resultan alterados por razones genéticas o ambientales, modifican los perfiles de lípidos y lipoproteínas en sangre y también el riesgo de cardiopatía.

Síntesis del receptor de LDL

La síntesis del receptor de LDL consiste en una serie de pasos necesarios para transportar colesterol y triglicéridos a todos los tejidos corporales. La grasa de la dieta, también llamada *grasa exógena*, es digerida por el intestino delgado y absorbida como colesterol, triglicéridos y ácidos grasos. Estos lípidos se combinan con las proteínas y se convierten en quilomicrones, que son liberados en la sangre. Una vez en el torrente sanguíneo, los quilomicrones se desplazan por todo el organismo, pero se descomponen continuamente. Y como parte de dicha descomposición se produce la liberación de triglicéridos y AGL (ácidos grasos libres) que entran en las células corporales. Al final, los quilomicrones de la sangre se vuelven mucho más pequeños y se transforman en partículas de VLDL. El hígado es otra fuente de VLDL, el principal transportador de *grasa endógena*, o grasa producida por el hígado. Independientemente de que la VLDL se haya originado a partir de grasa de la dieta o de grasa producida en el hígado, su descomposición continúa hasta que se forman partículas de LDL mucho más diminutas. En la transformación de VLDL a LDL, se eliminan los triglicéridos y se añade el colesterol hasta que se forman las pequeñas partículas de LDL (el principal transportador de colesterol en la sangre). Todas las células corporales cuentan con receptores superficiales que desplazan el colesterol LDL hacia el interior de la célula, donde se utiliza para desempeñar diversas funciones celulares, como el desarrollo de membrana y la síntesis de esteroides. En circunstancias normales, cuando el colesterol en sangre alcanza cierto nivel, se interrumpen tanto la absorción como la síntesis del colesterol.

Diversos factores genéticos y ambientales pueden interrumpir el normal funcionamiento de la síntesis del receptor de LDL, y cuando este proceso funciona de forma incorrecta el exceso de colesterol en sangre se acumula en el revestimiento de las paredes arteriales. Después de un tiempo, quizá años, esta acumulación de lípidos acaba por estrechar el conducto de paso de la arteria. Y cuando las arterias coronarias se estrechan, el paso de sangre al corazón disminuye, además de que se reduce o incluso se interrumpe el suministro de elementos vitales, como el oxígeno. Esta condición suele ser conocida como enfermedad coronaria o *enfermedad coronaria cardíaca*, y puede desembocar en un ataque cardíaco.

La letra «C» en las siglas HDL y LDL

Las abreviaturas de las lipoproteínas HDL y LDL suelen estar precedidas por una letra c, que se refiere al término *colesterol*. Simplemente significa que el colesterol está asociado a esa lipoproteína. En ocasiones se utilizan las letras TG, que se refieren a los triglicéridos asociados a dicha lipoproteína (por ejemplo, TG-VLDL).

Transporte inverso de colesterol

El transporte inverso de colesterol consiste en una serie de reacciones químicas necesarias para recolectar el exceso de colesterol de los tejidos periféricos y devolverlo al hígado, desde donde es eliminado del organismo. Este transporte puede llevarse a cabo mediante varios procesos biológicos diferentes. La mayoría de los científicos considera que las partículas de HDL de la sangre interactúan con otras lipoproteínas, como VLDL y LDL, para recolectar el exceso de colesterol y triglicéridos. Durante este proceso de transporte inverso, la HDL crece hasta hacerse mucho más grande, o madura, y ya no puede recoger más lípidos. La HDL madura se mueve hacia el hígado, donde se eliminan tanto el colesterol como los triglicéridos. Las partículas de HDL menos el colesterol y los triglicéridos están ahora preparadas para volver a la sangre y circular, con el fin de recoger más colesterol. Como en el caso de la síntesis del receptor de LDL, diversos factores genéticos y ambientales afectan al proceso de transporte inverso. Por ejemplo, una actividad física regular suele incrementar el nivel de HDL en sangre, lo que a su vez reduce el riesgo de desarrollar una cardiopatía prematura.

Índice de lípidos

El índice de lípidos, como el de colesterol total en relación con el HDL (colesterol total/HDL), y el del colesterol LDL en relación con el HDL (LDL/HDL), es un claro indicio de riesgo de cardiopatía, aunque la proporción entre colesterol total y HDL es el dato más preciso. En cualquier caso, ambos índices surgen de una cuantificación de lípidos en sangre que se relaciona directamente con un mayor riesgo de cardiopatía (colesterol total o cLDL) y contrasta con un valor de lípidos en sangre asociado a un menor riesgo de cardiopatía (HDL). Analiza el siguiente ejemplo: si tu colesterol total en sangre es 230 y tu HDL es 30, tu índice de riesgo de cardiopatía es 230/30. Si dividimos 230 entre 30, obtenemos un valor que determinará el índice de riesgo de lípidos: 7,67. Esta cifra es más elevada que el valor recomendado por el NCEP, que especifica 4,5 para hombres y 4,0 para mujeres. En este caso, los pasos a seguir deberían ser disminuir el colesterol total y elevar los niveles de HDL. Por otro lado, un valor de colesterol total de 175 y un valor de HDL de 48 arrojarían un resultado de 3,65. Este índice de riesgo es muy saludable tanto para hombres como para mujeres y está asociado a un menor riesgo de cardiopatía.

Factores genéticos que influyen sobre el colesterol en sangre

A través de una actividad física adecuada, pautas nutricionales correctas y una vida sana, la mayoría de las personas pueden controlar su colesterol en sangre. Sin embargo, debido a determinadas causas genéticas algunos individuos sólo consiguen reducir sus niveles de colesterol recurriendo a la medicación. Los factores genéticos son tan importantes que incluso determinan las respuestas a los cambios en la dieta. Por ejemplo, algunas personas presentan un nivel muy bajo de colesterol en sangre a pesar de consumir alimentos de alto contenido en grasa saturada, ser obesos y practicar poco ejercicio. Y al mismo tiempo hay individuos que muestran un perfil inaceptable de colesterol y lipoproteínas en sangre a pesar de prestar muchísima atención a su salud. También los efectos del ejercicio sobre el colesterol y las lipoproteínas en sangre pueden quedar determinados por factores genéticos. En efecto, se sabe que existen diversas variaciones genotípicas de las apolipoproteínas E (apo E), y que las personas con el genotipo apo E2 que también practican ejercicio físico con regularidad consiguen un mayor

Los cambios en los hábitos de vida sumados a una dieta sana ayudan a bajar el colesterol, si bien la genética determina en gran medida la ecuación.

y más beneficioso cambio en su perfil de lípidos y lipoproteínas que las personas que presentan otro genotipo apo E. Esta evidencia sustenta la idea de que el efecto del ejercicio sobre el perfil de lípidos y lipoproteínas en sangre es, al menos en parte, regulado por factores genéticos.

Aunque contamos con mucha información sobre la relación entre los trastornos genéticos y los niveles anormales de lípidos y lipoproteínas, aquí hablaremos sólo de dos trastornos genéticos relativamente comunes asociados a la cardiopatía prematura: la *hipercolesterolemia familiar heterocigota* y la *disbetalipoproteinemia familiar*, o hiperlipidemia de tipo III.

La hipercolesterolemia familiar heterocigota es una condición que provoca que la síntesis del receptor de LDL sea incapaz de suministrar colesterol a las células. Esta enfermedad afecta a muchas áreas susceptibles de sufrir problemas. Por ejemplo, los receptores de LDL presentes en todas las células pueden no funcionar correctamente, o las partículas de LDL en sangre pueden no contar con las apolipoproteínas adecuadas para unirse al receptor celular de LDL. Cualquiera que sea la razón, una persona con esta condición presenta un elevado colesterol LDL en sangre y corre un gran riesgo de sufrir alguna cardiopatía prematura. Además, el riesgo de cardiopatía prematura se relaciona tanto con el grado de defectuosidad de la síntesis de LDL como con las influencias ambientales, entre las que figuran los malos hábitos alimentarios. Un estilo de vida poco sano unido a factores genéticos puede actuar sinérgicamente para empeorar el riesgo de cardiopatía.

La hiperlipidemia de tipo III está estrechamente relacionada con la cardiopatía prematura y se caracteriza por la presencia de partículas de VLDL y LDL enriquecidas en colesterol. Aquí también entran en juego diferentes defectos genéticos posibles, incluyendo la producción excesiva de colesterol endógeno y triglicéridos, y la incapacidad de las células para transportar el colesterol hacia su interior. Los factores ambientales como los malos hábitos alimentarios, la obesidad, el hipotiroidismo leve, la diabetes y la falta de ejercicio regular complican el cuadro.

Cómo determinar tu perfil de lípidos y lipoproteínas

Mediante una simple analítica de sangre es posible obtener un perfil de lípidos y lipoproteínas en sangre que incluya triglicéridos, colesterol, colesterol asociado con HDL y LDL, y glucosa en sangre. La opinión general es que cualquier persona que presente un historial familiar de cardiopatía o diabetes debería hacerse esta prueba en sus primeros años de vida. En efecto, cuando el historial familiar de cardiopatía es fuerte, incluso los niños deben ser sometidos a estas pruebas. Las analíticas pueden ser llevadas a cabo en la consulta del médico y en general sólo requieren un ayuno nocturno de entre diez y catorce horas. Se puede beber agua, pero si la persona es fumadora, tendría que abstenerse de fumar hasta después de haber finalizado la prueba. No es necesario ayunar para cuantificar el colesterol total y el colesterol HDL, pero sí para medir los triglicéridos y la glucosa en sangre. Ayunar durante diez horas o más elimina la glucosa en sangre o los triglicéridos formados como resultado de la ingesta alimentaria y la absorción digestiva.

Los niveles de lípidos y lipoproteínas en sangre resultan afectados por diversas circunstancias. El alcohol y el azúcar, por ejemplo, incrementan los valores de triglicéridos, mientras que una dieta de alto contenido graso, el resfriado común, el estrés emocional y el ciclo menstrual pueden afectar a los resultados de la analítica. Los niveles de colesterol HDL y triglicéridos pueden resultar alterados por la ingesta de alcohol e incluso por una única sesión de ejercicio.

Otro factor que se debe tener en cuenta es la capacidad o incapacidad del organismo para eliminar la grasa de la sangre después de una comida. El período posterior a una comida en la que los niveles de lípidos aparecen más elevados que antes de ingerir alimentos se conoce como *lipemia postprandial*. La lipemia postprandial exagerada o prolongada es el tiempo necesario —posterior a una comida— para eliminar los lípidos de la sangre. La información científica más reciente sugiere que la lipemia postprandial reducida está relacionada con un menor riesgo de cardiopatía (Poppitt, 2005). La lipemia postprandial disminuye mediante una ejercitación física regular.

El colesterol LDL no puede ser cuantificado en la actualidad en la consulta del médico. Si bien es posible medirlo directamente, este análisis es un proceso prolongado y caro que requiere de un equipamiento costoso. Por esa razón, la LDL suele ser calculada a partir de la determinación de los valores de triglicéridos en ayunas, colesterol total y HDL, y de su aplicación a la siguiente ecuación:

$$LDL = (\text{colesterol total} - HDL) - \text{triglicéridos}/5$$

El riesgo de cardiopatía es muy bajo en valores de LDL inferiores a 100 mg/dl, pero crece frente a valores que oscilen entre 100 y 130. Una vez que se superan los 130 mg/dl en sangre, el riesgo de cardiopatía se incrementa en una proporción enorme.

Así que ¿cuáles son los valores de lípidos y lipoproteínas que deberías recordar? En el pasado se utilizaban diversas cifras según la edad y el sexo, a partir de las cuales se calculaba el riesgo de cardiopatía. Ahora, sin embargo, el NCEP recomienda recordar algunos valores simples. Los triglicéridos deberían ser inferiores a 150 mg/dl, el colesterol total, inferior a 200 mg/dl, el colesterol LDL, inferior a 100 mg/dl, y el colesterol HDL, superior a

40 mg/dl en los hombres y a 45 en las mujeres. En la tabla 1.2 encontrarás un resumen de estos valores.

Tabla 1.2 Recomendaciones del NCEP

Lípidos o lipoproteínas	Valor recomendado
Triglicéridos	Menos de 150 mg/dl
Colesterol	Menos de 200 mg/dl
Colesterol LDL	Menos de 100 mg/dl
Colesterol HDL	Superior a 40 mg/dl para hombres y a 45 mg/dl para mujeres

Del National Heart, Lung and Blood Institute (Instituto Nacional del Corazón, los Pulmones y la Sangre) y los National Institutes of Health (Institutos Nacionales de Salud, NIH), una sección del Departamento Norteamericano de Salud y Servicios Humanos. http://www.nhlbi.nih.gov/chd/

La información obtenida de un perfil de lípidos y lipoproteínas en sangre resulta útil para establecer un riesgo de cardiopatía y comenzar así mismo un programa terapéutico de cambio de hábitos de vida que apunte a reducir la probabilidad de desarrollar enfermedades cardíacas. Para comprender mejor los valores del perfil de lipoproteínas y lípidos, considera los dos ejemplos que plantearemos a continuación. El primero es una analítica de sangre con la siguiente información: triglicéridos = 260; colesterol total = 240; colesterol HDL = 35, y glucosa en sangre = 200. Utilizando la ecuación previamente mencionada, podemos calcular el cLDL.

$$LDL = (240 - 35) - 260/5$$
$$LDL = 215 - 52$$
$$LDL = 153$$

Cualquier persona que presente estos valores de lípidos y lipoproteínas correría un gran riesgo de desarrollar alguna cardiopatía prematura. Los niveles de triglicéridos no llegan al doble de los 150 mg/dl que recomienda el NCEP. El colesterol total supera ampliamente el nivel recomendado de 200 mg/dl; el colesterol LDL también excede el nivel recomendado de 100 mg/dl;

el HDL es inferior al valor recomendado de 40 mg/dl, y el índice TC/HDL es 6,86, muy por encima de la cifra recomendada de 4,5. La glucosa en sangre también supera el valor recomendado de 110 mg/dl, y esta persona podría sufrir diabetes además de encontrarse en situación de riesgo de desarrollar una cardiopatía prematura.

Consideremos un segundo ejemplo. En este caso, el perfil de lípidos y lipoproteínas en sangre contiene la siguiente información: triglicéridos = 150; colesterol total = 180; colesterol HDL = 45, y glucosa en sangre = 90. El índice TC/HDL es 4,0. El cálculo del cLDL es el siguiente:

$$LDL = (180 - 45) - 150/5$$
$$LDL = 135 - 30$$
$$LDL = 105$$

El riesgo de cardiopatía de un individuo con las características del caso anterior es muy diferente del de la persona del primer ejemplo. Todos los valores de lípidos y lipoproteínas, e incluso el índice TC/HDL, se encuentran dentro de parámetros aceptables. Por consiguiente, el riesgo general de desarrollar una cardiopatía en este individuo es bajo.

Cómo reducir el colesterol y proteger la salud del corazón

Como comprobarás en el capítulo 2, muchos factores relacionados con el colesterol elevado y la cardiopatía se superponen. La mejor manera de mejorar tu perfil de colesterol y lipoproteínas consiste, entonces, en que reduzcas aquellos factores que afectan negativamente al colesterol, concentrándote particularmente en los más fáciles de modificar: el sobrepeso y la vida sedentaria, que conforman tu estilo de vida. Las recomendaciones actuales en relación con el control de los valores de lípidos y lipoproteínas en sangre han sido suministrados por el NCEP (véase taba 1.2). Las modificaciones en la dieta, la pérdida de peso y la práctica de ejercicio son los primeros cambios terapéuticos recomendados, si bien otros factores ambientales como el tabaquismo y el estrés también afectan a las concentraciones de lípidos y lipoproteínas. Cuando cada uno de estos factores resulta positivamente alterado a través de una serie de cambios terapéuticos en la forma de vida —como tomar alimentos de bajo contenido en grasas saturadas, comenzar un programa de ejercicios, dejar de fumar o reducir el estrés cotidiano—,

el perfil de lípidos y lipoproteínas en sangre se modifica en sentido positivo. Lo más importante es que estos favorables cambios en la forma de vida
pueden actuar sinérgicamente entre sí, produciendo cambios incluso más
evidentes en los lípidos y las lipoproteínas. Este libro se centra en el ejercicio y la alimentación sana como herramientas para perder peso y reducir los
niveles de colesterol.

Modificación de la dieta y pérdida de peso

Los cambios positivos en el colesterol, los triglicéridos y las lipoproteínas en sangre derivan de una reducción tanto del consumo de colesterol
como del porcentaje de grasa ingerida a través de la dieta, sin olvidar una serie de modificaciones en el tipo de grasa consumida (véase capítulo 6). La
restricción en la ingesta de grasa a través de la dieta no sólo disminuye la
cantidad de esta sustancia que absorbe el sistema digestivo, sino que también puede reducir la cantidad de grasa producida por el hígado, lo que a su
vez se traduce en un menor valor de colesterol en sangre. Recuerda que las
dietas de bajo contenido graso y alto contenido de carbohidratos también
pueden disminuir el cHDL en sangre e incrementar los niveles de triglicéridos. No olvides tampoco que la pérdida de peso conseguida mediante la
restricción calórica está asociada a una concentración menor de colesterol
LDL y colesterol total en sangre. En consecuencia, tanto las reducciones en
el nivel de grasa de la dieta como la pérdida de peso derivada de la restricción calórica magnifican los cambios beneficiosos que se observan en la concentración de lípidos y lipoproteínas en sangre mediante el ejercicio físico.
Muchas personas con sobrepeso que presentan un elevado nivel de colesterol, triglicéridos y cLDL en sangre, además de un reducido porcentaje de
cHDL, conseguirán buenos resultados si realizan cambios terapéuticos en
su forma de vida. Las personas con sobrepeso que restringen la grasa de su
dieta, reducen la ingesta de calorías y practican ejercicio físico con regularidad sin duda pueden modificar positivamente sus perfiles de lípidos y lipoproteínas.

Ejercicio

Como se explica en el capítulo 3, el ejercicio regular reduce el nivel de
triglicéridos en sangre y de colesterol LDL, a la vez que incrementa los ni-

veles de HDL. Cuando una persona comienza simultáneamente un programa de ejercicios, un plan de pérdida de peso y una dieta baja en grasas, estos elementos actúan sinérgicamente y producen cambios positivos aún más notables en el perfil de lípidos y lipoproteínas, incluyendo la reducción del colesterol en sangre.

Resumen

El colesterol es un factor de riesgo de cardiopatía muy importante, que recibe la influencia de factores genéticos y ambientales. Si tu colesterol en sangre es elevado, puedes actuar para reducirlo y mejorar la forma en que el colesterol es transportado por las lipoproteínas de la sangre. En este libro consideraremos el papel del colesterol en el desarrollo de cardiopatías y analizaremos de qué forma los cambios en los hábitos de vida pueden modificar positivamente el nivel de colesterol y lipoproteínas en sangre.

PLAN DE ACCIÓN

Domina los conceptos básicos de la hipercolesterolemia

❖ Aprende las funciones y los niveles recomendados de
  - colesterol,
  - triglicéridos,
  - ácidos grasos libres,
  - quilomicrones,
  - VLDL,
  - LDL y
  - HDL.

❖ Conoce los problemas que causan los lípidos y las lipoproteínas cuando sus niveles no son óptimos.

❖ Comprende cómo se desplaza el colesterol por el organismo, y de qué manera el índice de colesterol total en relación con el cHDL, y el índice de cLDL en relación con el cHDL, actúan como indicadores de riesgo de cardiopatía.

❖ Ten en cuenta que los factores genéticos también influyen sobre los niveles de colesterol en sangre.

❖ Familiarízate con la terminología relacionada con el perfil de lípidos y lipoproteínas, el modo en que se consiguen dichas cifras, y los detalles que debes tener en cuenta antes de comprobar tus niveles de colesterol.

❖ Ten la certeza de que el colesterol elevado puede ser modificado a través de diversos cambios en tus hábitos de vida, como la práctica de ejercicio físico y una alimentación sana. Si continúas leyendo aprenderás mucho más.

CAPÍTULO 2

Relación entre colesterol y cardiopatía

Los términos *enfermedad coronaria* o *enfermedad coronaria cardíaca* son muy utilizados para aludir a la enfermedad del corazón, una dolencia que durante décadas ha sido la principal causa de muerte de hombres y mujeres en Estados Unidos. Los ataques cardíacos representan el 46 por 100 de todas las muertes producidas en los países occidentales. En Estados Unidos, cada año aproximadamente un millón y medio de personas sufren ataques cardíacos, que producen 500.000 muertes (AHA, 2005). Y todos los años los médicos realizan más de 600.000 cirugías de bypass coronario y más de 500.000 angioplastias coronarias. La cardiopatía no es un mal masculino: los ataques cardíacos, las apoplejías y otras enfermedades cardiovasculares están causando estragos también entre las mujeres. Muchas de ellas creen que el cáncer es una amenaza aún mayor, pero se equivocan. En Estados Unidos, la cardiopatía y las apoplejías matan a casi el doble de mujeres que todas las formas de cáncer combinadas, incluido el cáncer de mana (AHA, 2005). En el próximo recuadro encontrarás más datos al respecto.

Tanto los investigadores como los médicos aseguran que la cardiopatía está asociada a muchos factores de riesgo de naturaleza genética y relacionados con el estilo de vida. Con el paso del tiempo, la lista de factores de riesgo genéticos y ambientales que favorecen el desarrollo de cardiopatías ha aumentado. Y si bien los desencadenantes de cardiopatía resultan amenazadores para casi todo el mundo, una vez que muchos de éstos son detectados es posible dar una serie de pasos y reducir su presencia. Una vez conseguido este objetivo, el riesgo de enfermedad también disminuye y el proceso en sí mismo se ralentiza o incluso se detiene. En otras palabras, la cardiopatía puede ser prevenida en la mayoría de los casos. Este capítulo explica el funcionamiento arterial normal, el desarrollo de la cardiopatía y los factores de riesgo que producen su aparición, incluido el colesterol elevado.

Hombres, mujeres y cardiopatía

Los hombres presentan un índice de cardiopatía muy superior al de las mujeres premenopáusicas; de hecho, el inicio de la enfermedad se retrasa en ellas entre diez y veinte años. Sin embargo, la cardiopatía continúa siendo la principal causa de muerte general tanto para los hombres como para las mujeres. Al parecer, el retraso en la aparición de la enfermedad en las mujeres está relacionado en parte con el estrógeno, una hormona femenina. Por esa razón, después de la menopausia, cuando los niveles de estrógeno caen, los índices de cardiopatía femeninos se acercan a los masculinos. Aún existen ciertas dudas sobre el papel que desempeña la terapia de sustitución hormonal a la hora de disminuir el riesgo de cardiopatía en mujeres postmenopáusicas. Si bien diversas pruebas de investigación clínica han detectado que esta terapia consigue elevar los valores de colesterol HDL y por otro lado disminuir los de LDL, el colesterol total y los niveles de fibrinógeno, sus beneficios en lo que a reducir el riesgo de cardiopatía se refiere están siendo analizados cuidadosamente, puesto que la terapia podría desarrollar ciertas formas de cáncer.

Sistema vascular coronario

El corazón es como cualquier otro órgano en el sentido de que necesita recibir un fluido continuo de sangre para poder funcionar. Como resultado, cuenta con su propio suministro sanguíneo, compuesto por arterias, capilares y venas. La sangre fluye a través de dos *arterias coronarias* principales (la derecha y la izquierda) hacia las tres capas del tejido cardíaco: el endocardio, el miocardio y el epicardio. Las dos arterias coronarias parten de la *aorta*, que es la mayor arteria del organismo (véase figura 2.1). La arteria coronaria derecha suministra sangre al lado derecho del corazón, mientras que la arteria coronaria izquierda hace lo propio con el lado izquierdo. A su vez, las arterias coronarias se dividen en arterias menores, y cada vez que lo hacen alcanzan capas más profundas del corazón. Al final, de esta división surgen las arterias más pequeñas, llamadas arteriolas, que conducen a los capi-

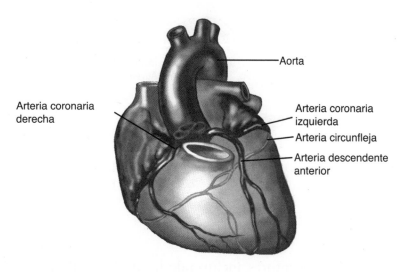

Aorta

Arteria coronaria
derecha

Arteria coronaria
izquierda

Arteria circunfleja

Arteria descendente
anterior

Figura 2.1 Sistema vascular coronario

lares. Los capilares proporcionan una red de conexión con las venas, y son
el punto en que los nutrientes, como el oxígeno, son intercambiados por productos de desecho, como el dióxido de carbono. Dentro de los capilares, en
el área más próxima a las arteriolas, el oxígeno entra en el tejido; y en el ex-
tremo opuesto de los capilares, en la zona más cercana a las venas, el dióxido de carbono producido en los tejidos entra en los capilares. Las venas entonces devuelven la sangre al corazón. El sistema vascular coronario es un
complejo sistema de suministro sanguíneo en el que si cualquier parte del
cuerpo comienza a recibir menos sangre, también recibe menos oxígeno.
Y sobra señalar que, sin oxígeno, el tejido cardíaco muere.

Normal funcionamiento de las arterias

Las arterias coronarias, como todas las arterias, cuentan con una abertu-
ra a través de la cual fluye la sangre. Esta zona abierta recibe el nombre de
lumen. Las arterias también disponen de tres capas. La más profunda se denomina *íntima*, la más externa *adventicia*, y la situada en medio de ambas es
conocida como *media* (véase figura 2.2). La capa íntima, que es la que más
se aproxima a la sangre circulante, está recubierta de una única capa de células denominada *endotelio* que actúa como una barrera entre la sangre y las
demás capas arteriales. Las células presentes en las paredes de las arterias

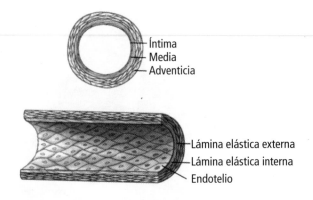

Figura 2.2 Pared arterial coronaria normal

contienen muchos receptores, incluyendo los de las moléculas de LDL y otros factores de crecimiento.

Las células de las paredes arteriales también producen sustancias que son capaces de una amplia variedad de acciones, como disolver coágulos de sangre. Una de estas sustancias producidas por el endotelio es el *óxido nítrico*, que incita a la arteria a ensanchar su lumen y por tanto permite un mayor flujo de sangre. El óxido nítrico desempeña también otras funciones importantes: inhibe, por ejemplo, la formación de plaquetas, la fijación de las plaquetas a la pared arterial, y suprime la formación de coágulos sanguíneos. Así mismo controla la proliferación (incremento en número) de las células musculares lisas dentro de la pared arterial y el movimiento de las mismas desde una capa de la pared arterial a otra. Todos estos factores son necesarios para el desarrollo y el funcionamiento normal del endotelio.

La síntesis del receptor de LDL es el proceso que mueve el colesterol hacia el interior de las células. Los receptores de LDL se encuentran en la superficie de todas las células humanas. Estos receptores se unen a las partículas de LDL presentes en la sangre u otros fluidos corporales. Una vez que las partículas de LDL que contienen colesterol se unen con el receptor de LDL de la célula, entran en la misma, donde se libera el colesterol para uso celular o bien se lo almacena. Michael S. Brown y Joseph L. Goldstein, del Centro de Ciencias de la Salud de la Universidad de Tejas, Dallas, ganaron en 1985 el Premio Nobel de fisiología y medicina por descubrir esta fundamental vía metabólica del colesterol. Esta revelación revolucionó el conocimiento científico sobre la regulación del metabolismo del colesterol y el tratamiento de enfermedades causadas por niveles de colesterol anormalmente elevados. Uno de los más importantes descubrimientos de Brown y Goldstein es que la producción normal de colesterol se detiene cuando el colesterol acumulado en el interior de una célula alcanza un nivel determinado. En los casos en que este proceso no funciona con normalidad, se desarrolla un exceso de colesterol en sangre. Y tanto el colesterol excesivo como la menor eliminación de colesterol figuran entre los factores que más favorecen la *aterosclerosis*. En la actualidad se considera que el colesterol en sangre, en particular el cLDL, es el lípido que más se deposita en la lesión aterosclerótica. El colesterol excesivo se acumula en la sangre cuando los niveles endoteliales del cLDL son elevados o se altera el proceso de descomposición y eliminación de colesterol en las células.

Cardiopatía

El término *arteriosclerosis* alude a un grupo de trastornos cardiovasculares que provocan el ensanchamiento y endurecimiento de las paredes arteriales. La aterosclerosis es una variedad de arteriosclerosis y está relacionada con la formación de placa en el revestimiento interior de las arterias. La placa está compuesta por grasas, en su mayoría colesterol, pero también por triglicéridos y fosfolípidos así como otras sustancias, incluidas las plaquetas, la fibrina, el calcio y el tejido conectivo. El crecimiento de la placa, que se produce de forma gradual a lo largo de mucho tiempo, daña el revestimiento de la pared arterial (endotelio). Al final, el tejido endotelial afectado sufre una necrosis (muere) y se desarrolla un crecimiento excesivo de tejido conectivo alrededor de la zona dañada que deriva en la formación de una cicatriz. Esta cicatrización, a su vez, favorece una mayor acumulación de placa, y después de años el orificio de paso de la sangre se estrecha considerablemente. Entonces se forma un coágulo (*trombo*) en la superficie de la placa, que bloquea o incluso detiene el flujo de sangre por la arteria. La acumulación de placa y la formación de coágulos pueden tener lugar en cualquiera de las arterias del cuerpo, pero cuando afectan a las arterias coronarias, la dolencia que provocan recibe el nombre de enfermedad coronaria o enfermedad coronaria cardíaca. A medida que la placa se acumula y detiene el flujo de la sangre por las arterias coronarias, el suministro de oxígeno al corazón se detiene y se produce un ataque cardíaco o *infarto de miocardio*. Cuanto mayor sea el área afectada por la falta de sangre, mayor es el ataque cardíaco y la necrosis.

Aterosclerosis

Existen varias hipótesis para explicar el proceso de la aterosclerosis. Las dos que cuentan con mayor apoyo científico sugieren que esta enfermedad puede derivar tanto de la respuesta a una lesión como de un proceso inflamatorio.

El normal funcionamiento del endotelio favorece que el flujo de sangre arterial satisfaga la necesidad de oxígeno del tejido circundante, al tiempo que protege a la arteria de la aterosclerosis regulando la formación de coágulos y la proliferación de células musculares lisas. Sin embargo, cuando el revestimiento endotelial de la pared de la arteria resulta lesionado, el funcionamiento endotelial normal queda interrumpido y se inicia el proceso de reparación del revestimiento lesionado, que provoca la liberación de sustancias como el derivado de las plaquetas, que aumenta la producción de tejido conectivo por parte de la pared arterial, y la proliferación de células musculares lisas. Según la *hipótesis de respuesta a la lesión*, este proceso de reparación también inicia la acumulación de placa y el desarrollo de aterosclerosis.

La *hipótesis de inflamación* sugiere que el endotelio se inflama. Esta inflamación puede ser el resultado de diversos factores, e inicia la respuesta inflamatoria inmune. Una de las primeras respuestas es que los *monocitos*, un tipo de glóbulo blanco, se adhieren a la capa endotelial de la pared arterial y finalmente se trasladan hacia la capa íntima. Cuando los monocitos se adhieren a la pared arterial, comienzan a recoger el exceso de colesterol. Y cuando lo acumulan en grandes cantidades se convierten en *macrófagos*, una transformación que marca el inicio de la aterosclerosis. Los macrófagos incrementan la oxidación del colesterol LDL, lo que les permite penetrar en la capa íntima de la célula. Un macrófago también incluye receptores depuradores que son capaces de unirse con el colesterol LDL y trasladar estas partículas hacia el interior de la célula. Todas estas acciones conducen a una acumulación excesiva de colesterol en el interior de la arteria.

La acumulación de placa probablemente deriva tanto de la lesión como de la inflamación. De todas maneras, ambas hipótesis sugieren que la adhesión de monocitos al endotelio promueve la producción y liberación del factor de crecimiento derivado de las plaquetas. Y con el depósito de plaquetas, el endotelio comienza a acumular colesterol. Los monocitos se adhieren a la capa endotelial y luego son incorporados a la capa íntima. Esta secuencia de acontecimientos promueve también el movimiento de células musculares lisas y fibroblasto hacia la capa íntima, y todo el proceso causa la acu-

Incorporar ejercicio y actividad física a nuestra vida es la mejor manera de evitar uno de los factores de riesgo de cardiopatía: el sedentarismo.

mulación de una cantidad excesiva de colesterol y otros lípidos en lesiones ateroscleróticas previas, conocidas como estrías grasas. Las estrías grasas continúan creciendo mediante la atracción de más tejido conectivo, células musculares lisas, colesterol y otros lípidos. A medida que las estrías grasas crecen con el tiempo, reciben el nombre de placa elevada o *fibrolípida*. La placa elevada está vinculada al incremento del tejido fibroso y al desarrollo de una cubierta fibrosa que tapa el núcleo cargado de colesterol, y es responsable del estrechamiento de la apertura del lumen y, por consiguiente, del empeoramiento del flujo sanguíneo. Durante la etapa final de la aterosclerosis se forma un coágulo de sangre alrededor de la placa. Los coágulos sanguíneos se desarrollan a partir de una hemorragia en la zona de la acumulación de placa o bien como consecuencia de la ruptura de placas.

Ruptura de placas

La placa puede ser blanda o dura. En cualquier caso, cuando la placa se acumula en las arterias coronarias, se reduce el flujo de sangre hacia el tejido cardíaco, lo que significa que el corazón recibe menos oxígeno y es muy probable que la persona experimente dolor en el pecho y sufra un ataque cardíaco. La *placa blanda* es susceptible de romperse y puede causar la formación de un coágulo de sangre e incluso un ataque cardíaco. Para que la placa blanda se convierta en *placa dura* con cubierta fibrosa pueden pasar años. Sin embargo, nuevos descubrimientos científicos sugieren que muchos ataques cardíacos son causados en realidad por la placa blanda, precisamente porque ésta es susceptible de romperse. El colesterol, en especial los niveles elevados de colesterol LDL, contribuye a la inestabilidad y la ruptura de la placa. Por contraste, el colesterol HDL desempeña un importante papel a la hora de restringir el crecimiento de las células musculares lisas y de favorecer la estabilidad de la placa. Por esta razón los científicos consideran que disminuir los niveles de colesterol LDL en sangre e incrementar los de colesterol HDL ayuda a estabilizar la placa blanda y a reducir su ruptura.

La fuerza e integridad de la cubierta fibrosa que encierra el núcleo rico en colesterol LDL determina la estabilidad de la lesión. La placa con tendencia a romperse posee una delgada cubierta fibrosa, mientras que la placa estable cuenta con una cubierta fibrosa más gruesa. Las fuerzas que contribuyen a la ruptura de la placa incluyen el colesterol LDL elevado, la hipertensión y la nicotina del tabaco. Las respuestas del sistema inmunológico también desempeñan un papel importante en la ruptura de la placa. Por ejemplo, los macrófagos liberan enzimas y otros elementos que erosionan la placa. Y una vez que ésta se rompe, las plaquetas circulantes rápidamente entran en contacto con ella, proporcionando las condiciones necesarias para el desarrollo de un coágulo de sangre.

Por último, la placa blanda que bloquea menos del 50 por 100 de una arteria no era considerada preocupante en el pasado, porque se creía que este tipo de placa tardaba años en crecer y bloquear por completo el flujo de la sangre por el interior del vaso. Sin embargo, la información científica actual sugiere que muchas de estas placas blandas tienen probabilidades de romperse, favoreciendo la formación de un coágulo que impedirá el flujo de sangre y provocará un ataque cardíaco. En consecuencia, no todas las placas duras avanzadas son responsables de los ataques al corazón: como ya hemos mencionado, estas dolencias pueden derivar también de la formación y la ruptura de la placa blanda. Esto explica por qué algunas de las personas que sufren un ataque cardíaco por primera vez no tienen historial de cardiopatía ni experimentan otros signos o síntomas, como dolor de pecho.

Factores de riesgo de cardiopatía

Durante mucho tiempo se consideró que el proceso mediante el cual se desarrolla una cardiopatía comenzaba durante la infancia y avanzaba lentamente a lo largo de la edad adulta. Sin embargo, las investigaciones recientes sugieren que la enfermedad también puede comenzar más tarde y avanzar a un ritmo más veloz. De todas maneras, independientemente de que progrese de forma lenta o rápida, o se inicie en los primeros años de la vida o más adelante, la cardiopatía reduce el tamaño interior de las arterias y también deteriora el funcionamiento del revestimiento arterial coronario. Como resultado, el suministro de nutrientes tan fundamentales como el oxígeno resulta considerablemente reducido y, en el peor de los casos, si el fluido de sangre se interrumpe, el suministro de oxígeno al tejido cardíaco también queda obstaculizado y se produce un ataque al corazón.

Es posible reducir el riesgo de cardiopatía, pero dado que su prevención resulta más eficaz cuanto antes se inicie, la identificación y reducción de los factores de riesgo debería comenzar en los primeros años de vida. Este proceso de prevención de un primer ataque cardíaco recibe el nombre de prevención primaria, pero si un individuo ya ha sufrido un ataque al corazón, también es posible tomar ciertas medidas para reducir el riesgo de que experimente un segundo episodio. La cirugía de bypass coronario, la angioplastia con balón y las modificaciones en los hábitos de vida reciben, en este caso, el nombre de prevención secundaria.

En relación al retraso en la aparición o la incidencia del ataque cardíaco, las primeras preguntas que surgen son quiénes deberían ocuparse de la prevención del ataque cardíaco, cuáles son los factores de riesgo, si es que existe más de uno, y cuándo debería comenzar el proceso preventivo. Estas preguntas son importantes, y todo el mundo debería preocuparse por conocer las respuestas. Como ya hemos explicado, la cardiopatía es la principal causa de muerte prematura en Estados Unidos. Por desgracia, la mayoría de la población desconoce este dato. Pero peor todavía es que muchos consideran que ellos no sufrirán un ataque cardíaco jamás. De todas maneras, basta con pensar que, precisamente por ser la principal causa de muerte en Estados Unidos, un elevado número de personas resultará afectado por esta enfermedad de una forma u otra.

Estudio Framingham del Corazón

La placa de la arteria coronaria está compuesta en su mayor parte por colesterol, además de triglicéridos, fosfolípidos y sustancias como plaquetas, fibrina, calcio y tejido conectivo. De estas sustancias, el colesterol total en sangre y el colesterol LDL están estrechamente relacionados con la cardiopatía y han sido sujetos de una intensiva evaluación científica por parte de prominentes investigaciones clínicas. De estos estudios, el Estudio Framingham del Corazón es el más reconocido.

En 1948, el Estudio Framingham del Corazón, junto con el Instituto Nacional del Corazón (actualmente conocido como Instituto Nacional del Corazón, los Pulmones y la Sangre, o NHLBI), comenzó un proyecto de investigación a largo plazo. El objetivo del Estudio Framingham del Corazón era identificar los factores más comunes que favorecían la enfermedad cardiovascular, y para ello siguieron el desarrollo de la dolencia durante muchos años en un numeroso grupo de participantes que aún no habían mostrado signos ni síntomas de cardiopatía. Desde comienzos del siglo XIX, la tasa de muertes por cardiopatía en Estados Unidos ha aumentado de forma estable, pero cuando comenzó el Estudio Framingham poco se sabía sobre las causas generales de las dolencias cardíacas. Gracias a este trabajo, ahora se comprende mejor el papel que desempeña el colesterol en sangre en el desarrollo de cardiopatías y los médicos lo aceptan como un importante factor de riesgo.

El estudio obtuvo un éxito tremendo, y en el primer lugar de su larga lista de logros figura el haber podido establecer la relación entre el colesterol en sangre y la cardiopatía. El estudio también demostró que el colesterol asociado a las lipoproteínas actúa de diferentes formas frente a la cardiopatía. Por ejemplo, el proyecto estableció la clara asociación positiva que existe entre el colesterol LDL y la cardiopatía, y el fuerte efecto protector del colesterol HDL. Los descubrimientos del Estudio Framingham del Corazón cambiaron nuestra forma de considerar esta enfermedad e impulsaron la aparición de oportunidades educativas destinadas a incrementar la información sobre la enfermedad cardíaca. Como resultado, muchos más norteamericanos reciben tratamiento para el colesterol elevado y la hipertensión, y están conociendo los peligros del tabaquismo. Lo más importante, sin embargo, es el efecto que el estudio ha provocado sobre los médicos, puesto que ha conseguido que enfaticen más en la prevención, detección y tratamiento de la cardiopatía en sus primeras etapas de desarrollo.

En los últimos cincuenta años se han identificado varios factores de riesgo específicos, así que te interesará aprender a identificar aquellos factores personales que incrementan tu riesgo individual de desarrollar una cardiopatía prematura. Y una vez que los conozcas, tendrías que seguir ciertos pasos para reducirlos. A continuación encontrarás una lista de factores de riesgo comunes —entre los que figura el colesterol elevado— que explicaremos en mayor detalle al final del capítulo.

Factores de riesgo de cardiopatía más comunes
- Historial familiar de cardiopatía.
- Ser hombre de más de 45 años.
- Ser mujer de más de 55 años o haber experimentado una menopausia prematura (como resultado de una cirugía).
- Niveles elevados de colesterol.
- Presión sanguínea elevada (hipertensión).
- Tabaquismo.
- Vida sedentaria.
- Obesidad.
- Diabetes.
- Estrés.

Los nuevos factores de riesgo de cardiopatía
- Elevados niveles de lipoproteína (a), también conocida como Lp(a).
- Homocisteína.
- Proteína C reactiva (PCR).
- Síndrome metabólico, o resistencia insulínica.

Los lípidos y las lipoproteínas como factores de riesgo

Gracias a proyectos como el Estudio Framingham del Corazón e investigaciones clínicas similares, la conexión entre el nivel elevado de colesterol en sangre y el desarrollo de cardiopatía ha quedado claramente establecida. Los principales medios para combatir la cardiopatía son el tratamiento del colesterol elevado, la hipertensión y la diabetes; la suspensión del hábito de fumar y la participación regular en actividades físicas. Los programas terapéuticos que incitan a modificar los hábitos de vida y la medicación reductora de lípidos, cuya finalidad es promover el ejercicio, perder peso y reducir la grasa en la dieta, producen cambios positivos en el perfil de lípidos y lipoproteínas en sangre, lo que a su vez reduce el riesgo de desarrollar cardiopatía.

Colesterol

Como ya hemos mencionado en varias ocasiones, los niveles elevados de colesterol en sangre están asociados a una probabilidad superior de desarrollar cardiopatía prematura (véase figura 2.3), lo que significa que al reducir tu colesterol en sangre estás disminuyendo tu riesgo de sufrir una enfermedad del corazón. Como hemos explicado en el capítulo 1, el colesterol es producido por el hígado y también se obtiene de los alimentos. Y si bien es necesario para llevar a cabo diversas funciones corporales, como el desarrollo de paredes celulares y la síntesis de hormonas esteroideas, en cantidades excesivas se convierte en un problema. El Estudio Framingham del Corazón ayudó a definir el nivel crítico de colesterol en sangre como un indicador de riesgo de cardiopatía: debe superar los 200 mg/dl para ser consi-

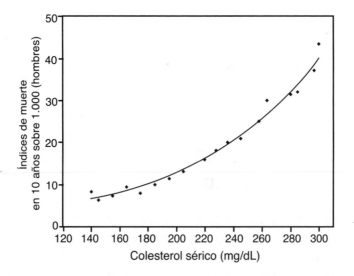

Figura 2.3 Relación entre el nivel de colesterol en sangre y el índice de cardiopatía

De los Institutos Nacionales de la Salud (NIH), una sección del Departamento Norteamericano de Salud y Servicios Humanos.

derado peligroso. Los individuos que presentan niveles totales de colesterol en sangre superiores a 300 mg/dl se exponen a un riesgo entre tres y cinco veces superior al de quienes no superan los 200 mg/dl. Sin embargo, sólo entre el 3 y el 5 por 100 de los participantes en el Estudio Framingham del Corazón tenía un nivel de colesterol en sangre superior a 300 mg/dl. Las personas con colesterol en sangre superior a 300 mg/dl suelen sufrir un problema genético, y la principal forma de controlar estos cuadros es la medicación complementada con ejercicio y dieta.

Triglicéridos

La posibilidad de que los niveles elevados de triglicéridos en sangre puedan causar cardiopatías es bastante controvertida. Así como la mayoría de los médicos considera que un nivel anormalmente elevado de triglicéridos constituye un factor de riesgo para el desarrollo de alguna cardiopatía, resulta complicado probar de forma concluyente que los triglicéridos elevados en sí mismos puedan causar aterosclerosis. Sin embargo, casi todos los clínicos reconocen que un nivel elevado de triglicéridos en sangre está asociado a otras condiciones que incrementan el riesgo de cardiopatía, como la obesidad, los bajos niveles de cHDL, la resistencia insulínica, la diabetes mal controlada y los elevados niveles de partículas de cLDL pequeñas y densas. El vínculo entre los niveles de triglicéridos en sangre y la cardiopatía tienden a debilitarse o incluso desaparecer en presencia de niveles superiores de cHDL en sangre. A pesar de que aún no se ha establecido claramente una fuerte asociación positiva entre los valores elevados de triglicéridos y la enfermedad coronaria, el NCEP considera que para que un nivel de triglicéridos resulte aceptable no debe superar los 150 mg/dl.

Colesterol LDL (cLDL)

La investigación actual sugiere que es importante conocer el nivel de colesterol en sangre, pero que igualmente significativo resulta conocer la forma en que el colesterol en sangre se dispersa entre las diversas lipoproteínas sanguíneas. Casi la totalidad de la relación entre colesterol y riesgo de cardiopatía queda reflejada en los niveles de cLDL. Como hemos explicado en el capítulo 1, el cLDL es conocido como colesterol malo, y se presenta en diversas formas. Una de ellas es el cLDL oxidado, un factor elemental en el desarrollo de placa arterial. La oxidación se produce cuando el cLDL entra en contacto con los *radicales libres*, que son moléculas de oxígeno reactivas considerablemente inestables que circulan en la sangre. El cLDL oxidado se adhiere al revestimiento endotelial de las arterias y es muy probable que forme placa. También puede causar otros perjuicios, como dañar las membranas lipídicas de las células arteriales. Dado que el cLDL oxidado se presenta en cantidades significativamente superiores en la placa arterial y desempeña un papel fundamental en la formación de la placa que obstruye las arterias, supone un claro factor de peligro.

El tamaño de la partícula de cLDL es otro tema a tener en cuenta, y está representado por dos patrones —A y B—, que aluden precisamente a las dimensiones de las partículas. Los científicos y los médicos consideran que las partículas pequeñas de cLDL suponen un mayor riesgo para el desarrollo de aterosclerosis y ataques cardíacos que el nivel absoluto de cLDL en sangre. El tamaño de la partícula de cLDL suele ser heredado. Existe una prueba de sangre especial llamada electroforesis en gel con gradiente que se utiliza para medir el tamaño de la partícula y determinar si la persona posee un patrón de cLDL A o B. Los individuos con patrón A cuentan con partículas grandes y fuertes con niveles normales en sangre tanto de cHDL como de triglicéridos, y sus probabilidades de sufrir una cardiopatía son menores. Por otro lado, los individuos con patrón B cuentan con partículas de cLDL predominantemente pequeñas y densas. El patrón B suele estar asociado a bajos niveles de cHDL, elevados niveles de triglicéridos y la tendencia a desarrollar diabetes tipo 2. Las personas con patrón B también tienen más probabilidades de desarrollar hiperlipidemias postprandial o de mostrar elevados niveles de triglicéridos después de una comida con alto contenido graso, y corren un riesgo entre tres y cinco veces superior de sufrir un ataque cardíaco. El patrón B de cLDL es posiblemente la causa más importante de cardiopatía entre los individuos que presentan niveles normales o casi normales de cLDL total. Los investigadores consideran que las partículas pequeñas de cLDL se oxidan con más facilidad y, como resultado, aparecen en mayor cantidad en la placa. Otros creen que puesto que las partículas de cLDL presentan un tamaño reducido, se mueven con facilidad hacia la capa endotelial, causando acumulación de placa.

En cualquier caso, los niveles elevados de cLDL, en especial las partículas de patrón B, combinados con otros factores de riesgo como la hipertensión o la diabetes, incrementan el riesgo de cardiopatía, ataque cardíaco y apoplejía. Disminuir los niveles de colesterol en sangre y de cLDL reduce el riesgo de padecer enfermedad coronaria, incluso en los casos en que los niveles de cLDL sean normales. El NCEP recomienda reducir los niveles de cLDL a 130 mg/dl o menos en individuos sin cardiopatía conocida, y a 100 mg/dl o menos en pacientes con enfermedad coronaria conocida (aquellos que han sufrido un ataque cardíaco o han sido sometidos a angioplastia coronaria o cirugía de bypass). Informes más recientes recomiendan mantener niveles de cLDL inferiores a 70 mg/dl en personas con enfermedad cardíaca conocida (Grundy *et al.*, 2004). Estos tipos de medidas agresivas para bajar el colesterol han conseguido ralentizar la enfermedad cardíaca en las arterias coronarias.

Colesterol HDL (cHDL)

Hemos explicado que si una persona presenta niveles elevados de colesterol en sangre y cLDL, es muy probable que desarrolle una cardiopatía, mientras que con niveles elevados de cHDL es menos factible que sufra alguna complicación cardíaca. Varios estudios epidemiológicos sugieren que por cada mg/dl que aumenta el nivel de cHDL, disminuye en un 2 por 100 el riesgo de cardiopatía en los hombres, y un 3 por 100 en las mujeres. Por consiguiente, cuanto más elevados sean los niveles de cHDL, mejor. Puesto que la relación entre el cHDL y el riesgo de cardiopatía abarca un amplio espectro de niveles de cHDL, el NCEP ha establecido tres categorías de cHDL: bajo, que es inferior a 40 mg/dl; normal, que oscila entre 40 y 60 mg/dl, y elevado, que supera los 60 mg/dl. El NCEP considera que los niveles bajos de colesterol HDL suponen un importante factor de riesgo, en tanto que los niveles elevados reciben el nombre de factores negativos o protectores. Debemos aclarar así mismo que si bien el cHDL elevado compensa algunos de los riesgos propios del cLDL alto, el cLDL bajo no elimina ninguno de los riesgos que la persona puede experimentar si presenta niveles reducidos de cHDL. El riesgo de ataque cardíaco tanto en hombres como en mujeres es superior cuanto más bajos sean los niveles de cHDL y más elevados los de cLDL y colesterol en sangre. Sin embargo, si una persona presenta niveles bajos de cHDL (menos de 40 mg/dl), corre el riesgo de sufrir una cardiopatía, independientemente de su nivel de colesterol total. Y, por otro lado, si demuestra un nivel elevado de colesterol total, su riesgo de sufrir un ataque cardíaco será inferior cuanto más altos sean sus niveles de cHDL.

A pesar de que existen vínculos epidemiológicos entre el riesgo de cardiopatía y los niveles de cHDL, aún no comprendemos completamente por qué el cHDL alto disminuye el riesgo de cardiopatía. Algunos investigadores consideran que los niveles elevados de cHDL debilitan el papel del cLDL en el desarrollo de la enfermedad cardíaca. El vínculo entre el cHDL y el riesgo de cardiopatía puede ser simplemente que un nivel bajo de cHDL suele indicar la presencia de otros aspectos ateroscleróticos, como una elevada VLDL y partículas de cLDL pequeñas y densas. Otra explicación es que el cHDL puede dificultar el desarrollo de cardiopatías previniendo la oxidación del cLDL y la unión de los monocitos a las células arteriales. Además, los niveles reducidos de cHDL suelen formar parte del síndrome metabólico múltiple. Estas asociaciones explican, presumiblemente, por qué un nivel bajo de cHDL en sangre es un factor tan poderoso de riesgo de cardiopatía y puede servir como marcador de otros factores de riesgo.

Lp(a)

La Lp(a), que es la forma de cLDL menos conocida, está vinculada a la cardiopatía y está ganando notoriedad entre los científicos y los médicos. Parte de la composición química de la Lp(a) es similar a la del plasminógeno, la enzima que disuelve coágulos y se une al revestimiento endotelial de las arterias. Debido a esta similitud, la Lp(a) dificulta la acción del plasminógeno, que a su vez contribuye a la formación de coágulos sanguíneos y después de un período prolongado conduce a un significativo deterioro de la pared arterial. Los coágulos de sangre se forman después de la ruptura de la placa, lo cual favorece los ataques cardíacos. Además, las concentraciones de Lp(a) en sangre superiores a 25 mg/dl producen los mismos efectos negativos que el cLDL. La Lp(a) en sangre no suele estar incluida en la prueba estándar de colesterol, aunque muchos médicos están incorporando esta medida en su revisión rutinaria para controlar la posible aparición de cardiopatías. Además, aún no han sido definidos los efectos a largo plazo de la terapia de disminución de Lp(a) sobre el riesgo de cardiopatía. Por consiguiente, la exploración masiva de Lp(a) o las intervenciones dirigidas a disminuir sus niveles en sangre no se justifican. Sin embargo, si posees un claro historial familiar de cardiopatía o si padeces enfermedad coronaria y no presentas ninguno de los factores de riesgo tradicionales, es posible que tu médico te recomiende comprobar tu nivel de Lp(a). Los valores superiores a 25 mg/dl están asociados a un mayor riesgo de cardiopatía.

Si una persona presenta una Lp(a) elevada no está claro qué hacer al respecto, aunque se sabe que la niacina, los ácidos grasos omega-3 y el estrógeno pueden ayudar en algunos casos. (De todas maneras, habla con tu médico antes de tomar suplementos dietéticos.) Así como el efecto de la Lp(a) sobre el riesgo de cardiopatía requiere una mayor investigación, en cualquier caso sigue resultando fundamental aspirar a un estilo de vida más sano. Y esto incluye la práctica regular de ejercicio físico, el control del peso corporal y la supresión del tabaco, además de la incorporación de una dieta rica en frutas, verduras y cereales integrales y de bajo contenido en grasa saturada y colesterol.

Lipemia postprandial

La lipemia postprandial es el período de hasta 8 horas posterior a una comida en el que se produce un incremento de los triglicéridos en sangre. Durante este tiempo los triglicéridos absorbidos a través del proceso digestivo ascienden rápidamente y luego descienden de forma estable. El lapso de tiempo que se necesita para que, después de una comida, los niveles de triglicéridos en sangre regresen a los valores previos a la ingesta de alimentos suele ser de 6 a 14 horas. La lipemia exagerada o prolongada (es decir, la necesidad de contar con un período anormalmente extenso para que los triglicéridos regresen a los niveles que presentaban antes de la comida) está asociada a un mayor riesgo de sufrir alguna cardiopatía. La relación entre lipemia postprandial y cardiopatía ha quedado establecida hace relativamente poco tiempo si lo comparamos con la relación entre colesterol y enfermedad coronaria. Quizá sólo en los últimos quince años, aproximadamente, los científicos han comenzado a centrarse en este tema. Existe evidencia directa e indirecta que sustenta la relación entre las lipoproteínas ricas en triglicéridos y la enfermedad coronaria. Una respuesta de lipemia postprandial prolongada conduce a una serie de sucesos perjudiciales asociados a la acumulación de placa arterial. Posiblemente el descubrimiento más significativo sea la formación de partículas pequeñas y densas de cLDL altamente ateroscleróticas, combinada con una reducción en la concentración de partículas de cHDL protectoras. La lipemia postprandial prolongada también incrementa la trombosis, o formación de coágulos sanguíneos. La composición genética afecta a la magnitud de las respuestas postprandiales, pero éstas también resultan alteradas por factores ambientales como el ejercicio y la dieta.

Proteína C reactiva (PCR)

El exceso de proteína C reactiva (PCR), una proteína presente en la sangre, está asociado a un mayor riesgo de cardiopatía. Aún no se conoce completamente la relación entre la PCR y la enfermedad coronaria, pero la PCR forma parte del proceso de inflamación y se cree que incrementa la eliminación de sustancias no deseadas desde el organismo. La inflamación es un proceso típico de muchas enfermedades crónicas (por ejemplo, la artritis) así como de múltiples lesiones (como los esguinces de tobillo). Cuando los tejidos se inflaman, el organismo produce PCR, lo que provoca que sus niveles en sangre se incrementen. Los científicos saben ahora que la inflamación forma parte del proceso de la cardiopatía, y dado que la PCR está asociada a la inflamación, actualmente se la considera un indicador de riesgo de cardiopatía. Existe información científica que sugiere que el ejercicio regular puede reducir los niveles de PCR en sangre.

Resumen

Los lípidos y las lipoproteínas en sangre desempeñan un papel importante en el desarrollo de cardiopatías. Los valores elevados de colesterol total en sangre y cLDL están fuertemente relacionados con la cardiopatía, porque ambos forman parte de la placa arterial. El cLDL oxidado, una forma especial de LDL, promueve el crecimiento de células musculares lisas, incrementa la adherencia de plaqueta a la pared arterial y dificulta el funcionamiento normal de la arteria. Sin embargo, muchos individuos que sólo presentan niveles moderados de colesterol en sangre y cLDL sufren un número sustancial de ataques cardíacos. En esos casos, los valores de cHDL son bajos y los de triglicéridos, elevados. Al parecer, entonces, los niveles elevados de cHDL protegen al corazón frente a la enfermedad coronaria, en tanto que los triglicéridos elevados podrían influir en el desarrollo de cardiopatías.

PLAN DE ACCIÓN ⸺

Relación entre colesterol y cardiopatía

❖ Lee información sobre el funcionamiento normal del corazón y las arterias.

❖ Familiarízate con la aterosclerosis y la formación de placa, conoce la forma en que ambos cuadros inhiben el funcionamiento normal de las arterias, e infórmate sobre las principales hipótesis acerca de cómo y por qué se desarrollan.

❖ Conoce los factores de riesgo de cardiopatía y observa si tú experimentas alguno.

❖ Aprende el papel que desempeñan el colesterol y otros lípidos y lipoproteínas en el desarrollo de una cardiopatía.

El ejercicio físico como herramienta para mejorar el colesterol y la salud

Pocas personas reconocen los significativos beneficios que la inclusión de actividad física y ejercicio en la rutina cotidiana aportan a la salud. Si bien este libro se centra en los efectos del ejercicio sobre el colesterol, lo cierto es que un programa regular de ejercitación física produce realmente muchos otros beneficios. El más importante es que un estilo de vida físicamente activo reduce el riesgo de morir de forma prematura a causa de un gran número de enfermedades, incluidas las cardiopatías. Las personas físicamente activas corren también un menor riesgo de desarrollar enfermedades como cáncer de mama y colon, diabetes y síndrome metabólico, y al mismo tiempo disfrutan de otras importantes ventajas, puesto que un estilo de vida que incluya actividad física y ejercicio planificado puede incrementar el funcionamiento mental, promover la salud de los músculos y los huesos, contribuir a mantener el funcionamiento corporal general y preservar la independencia de los adultos de edad avanzada.

La relación teórica entre la salud, el buen estado físico y la cantidad de actividad física y ejercicio necesaria para conseguir estos beneficios aparece en la figura 3.1, que representa dos conceptos. El primero es la relación entre los beneficios para la salud y la actividad física, representado por la línea negra continua. De todas formas, no debemos olvidar que un poco de actividad física y ejercicio mejorarán nuestra salud, pero que una cantidad mayor producirá avances incluso mayores. El segundo concepto —representado por la línea de puntos— es el de ejercitar el cuerpo para mejorar el estado físico. Practicar ejercicio a baja intensidad (menos del 50 por 100 de la máxima capacidad funcional) ejerce un efecto mucho menor sobre la prepara-

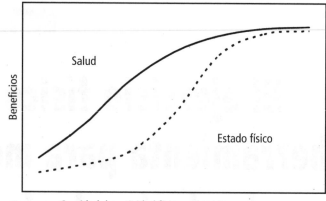

Cantidad de actividad física y ejercicio

Figura 3.1 Relación entre salud, estado físico y cantidad de actividad física y ejercicio necesaria para conseguir beneficios. Los pequeños incrementos en la actividad física y el ejercicio pueden aportar significativos beneficios para la salud, mientras que si se pretende mejorar el estado físico son necesarias mayores cantidades de ejercicio y actividad física.

Adaptado, con permiso, de J. L. Durstine, P. Painter, B. A. Franklin *et al.* (2000): «Physical activity for the chronically ill and disabled», *Sports Medicine* 30(3): 214.

ción física que ejercitarse a intensidades superiores (70 u 80 por 100 de la máxima capacidad funcional). Y esa aptitud se cuantifica mediante el *consumo máximo de oxígeno*. (Hablaremos de la capacidad funcional más adelante, en este mismo capítulo.) Como resultado de un ejercicio planificado, puedes mejorar tu estado físico entre el 10 y el 25 por 100. Y lo más interesante es que cuando incorporas más actividad física o ejercicio planificado a tu estilo de vida y mantienes este nivel de actividad de forma permanente, los beneficios para la salud continúan creciendo.

Aunque en ocasiones los términos *actividad física* y *ejercicio* se utilizan como sinónimos, existen diferencias entre ambos.

- La actividad física es cualquier forma de actividad muscular que produce contracciones del músculo esquelético. La actividad física genera un consumo de energía proporcional al trabajo muscular y aporta beneficios para la salud.
- El ejercicio es una subclase de actividad física que consiste en un movimiento corporal planificado, estructurado y repetitivo cuyo objetivo es mejorar o mantener el estado físico. El ejercicio se define en términos de frecuencia, intensidad, duración y actividades específicas (modo), todo lo cual explicaremos en detalle en el capítulo 5.

Estas distinciones, aunque sutiles, son importantes para comprender el papel de la actividad física y el ejercicio en la disminución del colesterol. En la próxima sección expondremos brevemente algunos de los principales beneficios de un estilo de vida activo.

Hacer ejercicio para mejorar la salud

En Estados Unidos, más del 60 por 100 de los adultos ignora la cantidad de actividad física o ejercicio planificado diario recomendada (DHHS, 1996). Las mujeres, los grupos étnicos minoritarios, los ancianos y los niños practican menos actividad física que los hombres adultos. Por consiguiente, la Universidad Norteamericana de Medicina Deportiva (ACSM) recomienda fervientemente una mayor participación en ejercicios o actividades físicas de intensidad moderada (como por ejemplo, andar a paso ligero). Así se obtienen beneficios para la salud al tiempo que se consigue reducir el riesgo de desarrollar muchas de las principales causas de muerte prematura, como la enfermedad cardiovascular, algunos tipos de cáncer y las enfermedades metabólicas (ACSM, 2005).

El incremento de la actividad física y el ejercicio planificado mejora la salud en muchos aspectos (véase el recuadro siguiente). La actividad física diaria también aumenta la aptitud corporal para trabajar, lo cual mejora a su vez la capacidad del organismo para cumplir tanto con sus necesidades físicas diarias como con las exigencias inesperadas de la vida, y reduce la tensión sobre diversos sistemas corporales y órganos, incluido el corazón. Así mismo, cuanta más actividad física realices cada día, mayor será tu consumo energético y los beneficios que recibirá tu salud. Este consumo energético superior también puede contribuir a la pérdida de peso. Una mayor actividad física o de ejercicio planificado diario puede, en algunos casos, reducir el apetito e incrementar el índice metabólico basal, que es la velocidad a la cual el organismo consume energía durante el reposo. Estos cambios fisiológicos provocados por el aumento de la actividad física son en parte la razón por la que el ejercicio reduce el peso y la grasa corporal. Y, por supuesto, bajar de peso y eliminar la grasa también ayuda a reducir los valores de colesterol en sangre y a cambiar la forma en que el colesterol es transportado por el torrente sanguíneo.

La relación entre la actividad física y los índices generales de muerte es más que clara. Cuanta más actividad física se lleva a cabo diariamente, menos probabilidades existen de que la persona sufra una muerte prematura

Beneficios de la actividad física regular

La actividad física regular llevaba a cabo casi todos los días de la semana reduce el riesgo de desarrollar alguna de las principales causas de enfermedad y muerte. La actividad física regular mejora la salud por todas las siguientes razones:

- Reduce el riesgo de morir prematuramente.
- Reduce el riesgo de morir a causa de una cardiopatía.
- Reduce el riesgo de desarrollar diabetes.
- Reduce el riesgo de desarrollar hipertensión.
- Disminuye la presión sanguínea en personas que ya sufren hipertensión.
- Reduce el riesgo de desarrollar cáncer de colon.
- Reduce la sensación de depresión y ansiedad.
- Ayuda a controlar el peso.
- Ayuda a desarrollar y mantener huesos, músculos y articulaciones sanos.
- Ayuda a los ancianos a fortalecerse y moverse mejor, evitando así las caídas.
- Promueve el bienestar psicológico.

Modificado a partir del texto del Departamento Norteamericano de Salud y Servicios Humanos (US DHHS), de 1996, titulado *Physical Activity and Health: A Report of the Surgeon General* (Atlanta: Centers for Disease Control and Prevention, National Center for Chronic Disease Prevention and Health Promotion).

causada por enfermedad. Esta relación es válida para la mayoría de los grupos de edad, y para varias poblaciones de distintos países. Además, existe evidencia científica que sostiene que incluso la actividad física de nivel moderado, como salir a caminar con regularidad, aporta beneficios para la salud y protege de muchas enfermedades. Los adultos que adoptan un estilo de vida físicamente activo en sus años de madurez consiguen idénticos beneficios para su salud.

El ejercicio como herramienta para disminuir el colesterol

En la última década hemos llegado a comprender mucho mejor los niveles de colesterol y triglicéridos en sangre, y su movimiento a través del organismo como lipoproteínas. En la actualidad sabemos que muchos factores ambientales y genéticos afectan al movimiento de las lipoproteínas hacia diversos tejidos del cuerpo, así como la cantidad de colesterol y triglicéridos en sangre detectados con las diversas lipoproteínas sanguíneas. Los factores que afectan a los niveles de colesterol, triglicéridos y lipoproteínas en sangre incluyen la edad, la distribución de la grasa corporal, la composición de la dieta, el tabaquismo y la participación en una ejercitación regular. Por ejemplo, los cambios en la dieta que reducen el contenido de grasa e incrementan el consumo de carbohidratos pueden ejercer una influencia positiva sobre el perfil de colesterol y lipoproteínas en sangre, disminuyendo por consiguiente el riesgo de sufrir una cardiopatía (Durstine *et al.*, 2002).

Tanto la participación en un programa regular de ejercicios como la actividad física también afectan positivamente a los perfiles de lípidos y lipoproteínas en sangre (véase tabla 3.1). Desde el punto de vista científico, actualmente se sabe que la actividad física o el ejercicio planificado alteran de forma positiva los niveles de triglicéridos en sangre. Sin embargo, el colesterol total no suele cambiar después de un entrenamiento, a menos que se baje de peso o se modifique la composición de la dieta. Lo que sucede es que se altera el modo en que el colesterol es transportado por las lipoproteínas de

Tabla 3.1 Efectos de la actividad física y el ejercicio sobre los lípidos y lipoproteínas en sangre

Lípido o lipoproteína	Actividad física y ejercicio
Triglicérido	Reducciones que oscilan entre el 4 y el 37%; cambio promedio de aproximadamente el 24%.
Colesterol	Ningún cambio a menos que el peso corporal o la dieta sean alterados para reducir el consumo de grasa.
cLDL	Ningún cambio a menos que el peso corporal o la dieta sean alterados para reducir el consumo de grasa.
Lp(a)	Ningún cambio porque la Lp(a) está genéticamente determinada.
cHDL	Se incrementa entre el 4 y el 22%; cambio promedio de aproximadamente el 8%.

Adaptado, con permiso, de J. L. Durstine, P. W. Grandjean, P. G. Davis *et al.* (2001): «Blood lipids and lipoprotein adaptations to exercise: A quantitative analysis», *Sports Medicine* 31(15): Apéndice I, 1046-1057.

la sangre, y por consiguiente se observa más cHDL (bueno) en la sangre (Durstine *et al.*, 2002).

Cómo desarrollar un buen estado físico

Definimos como estado físico a una serie de atributos relacionados con la capacidad corporal para realizar actividad física. Encontrarse físicamente en forma significa tener la fuerza y la resistencia necesarias para llevar a cabo las actividades diarias sin sufrir estrés o fatiga, participar con energía en actividades de ocio y afrontar las emergencias imprevistas. Cuanta más actividad física y ejercicio planificado realices al día, mejor será tu estado físico. Como resultado, tu corazón, tus pulmones y tu musculatura se fortalecerán, mientras que el cuerpo adquirirá mayor firmeza y flexibilidad. Es más probable, también, que tu peso y porcentaje de grasa corporal desciendan a un nivel deseable. Practicar ejercicio disminuye así mismo el riesgo de sufrir diversas dolencias y enfermedades crónicas (ACSM, 2005).

La capacidad funcional se define como la aptitud del organismo para llevar a cabo su función. Cuanto mayor sea la capacidad funcional, menos fatiga experimentará durante las actividades diarias. El entrenamiento físico mejora la capacidad funcional, y eso se consigue aumentando la resistencia cardiovascular y muscular, así como la fuerza de los músculos. Pero, antes de explicar estos aspectos, aclararemos que se trata de tres de los cinco componentes de la preparación física (los otros dos son la flexibilidad y la composición corporal).

El entrenamiento de resistencia cardiovascular produce cambios en los lípidos y las lipoproteínas en sangre, mientras que el entrenamiento mediante ejercicios de resistencia muscular no suele provocar ningún cambio, o prácticamente ninguno. A pesar de que todavía no se sabe con exactitud por qué no se observan cambios en las lipoproteínas después de un entrenamiento de resistencia muscular, sí está claro que la cantidad general de ejercicio llevado a cabo (o las *calorías* consumidas) durante el entrenamiento es mucho menor que la realizada durante un ejercicio de resistencia cardiovascular, lo que probablemente justifique la ausencia de cambio. En algunos casos estudiados, cuando los niveles de triglicéridos en sangre previos al entrenamiento de resistencia muscular eran elevados, este tipo de ejercicio los disminuía. Pero las concentraciones de colesterol total y cLDL sólo disminuyen después de un entrenamiento de resistencia cuando se produce una reducción en el peso o la grasa corporal, o bien un incremento en la masa corporal magra. Los niveles de cHDL no suelen modificarse después de un entrenamiento de resistencia, pero si en efecto se produce un incremento, no resulta significativo. En la siguiente sección definiremos los tres aspectos del estado físico en más detalle, así como el entrenamiento que requieren.

Ejercicio de resistencia cardiovascular

La resistencia cardiovascular es la capacidad del corazón y el sistema circulatorio para completar una actividad durante un período de tiempo determinado experimentando poca fatiga. Es posible mejorar la resistencia cardiovascular mediante la práctica de ejercicios aeróbicos, entre los que podemos mencionar caminar, trotar, correr, bailar, nadar y montar en bicicleta. Dado que el entrenamiento aeróbico o de resistencia cardiovascular aumenta la cantidad de trabajo que el sistema cardiovascular puede llevar a cabo y también mejora la capacidad del corazón para transportar sangre y oxígeno al organismo, suele recibir el nombre de entrenamiento de resistencia cardiovascular. Además de aumentar la resistencia y la fuerza del sistema cardiovascular, el ejercicio aeróbico también reduce todos los factores de riesgo de cardiopatía. Puesto que los ejercicios aeróbicos acrecientan la capacidad funcional del sistema cardiovascular y reducen el riesgo de cardiopatía, se han convertido en la alternativa más conveniente. Una cierta cantidad de ejercicios de resistencia aportan magníficos beneficios para la salud. Si continúas leyendo sabrás qué cantidad de ejercicio debes practicar para cambiar tu perfil de lípidos y lipoproteínas, y descubrirás el efecto que produce en cada componente del colesterol.

Triglicéridos

Los valores de triglicéridos en sangre generalmente disminuyen después de un entrenamiento de resistencia. Estos cambios están vinculados con los valores previos al ejercicio, pero lo más importante es que mantienen una estrecha relación con el volumen de ejercicio llevado a cabo cada semana. Los individuos que presentan altos niveles de triglicéridos antes de comenzar un programa de entrenamiento suelen experimentar reducciones más evidentes en dichos valores una vez finalizado el entrenamiento. En un estudio sobre el ejercicio físico se observó que las personas que presentaban niveles de triglicéridos notablemente elevados antes de comenzar un programa de actividad física experimentaban tremendas reducciones en los valores de triglicéridos en sangre después del mismo (Kraus *et al.*, 2002). En otros estudios en que los valores de triglicéridos en sangre se situaban en parámetros normales (alrededor de 130 mg/dl antes del ejercicio), las cifras disminuían después de programas de entre tres y doce meses de duración. Sin embargo, el cambio en los triglicéridos no resultaba tan marcado como en aquellos individuos cuyos valores antes del entrenamiento habían resultado sumamente elevados. Esta información implica que el ejercicio de resistencia disminuye los niveles de triglicéridos en sangre en la mayoría de las personas, pero que quienes presentan niveles muy elevados experimentan las mayores reducciones y, por consiguiente, un mayor beneficio para su salud.

Otro concepto para recordar a la hora de pensar en el ejercicio físico como una herramienta para reducir los niveles de triglicéridos en sangre es el volumen de ejercicio, o la cantidad de ejercicio llevado a cabo durante el programa de entrenamiento de resistencia. Cuanto mayor sea el volumen de ejercicio practicado, más notable será la reducción en los triglicéridos en sangre (véase figura 3.2), si bien los valores de triglicéridos en sangre nunca alcanzarán un nivel cero. A modo de ejemplo citaré el caso de un hombre sedentario de cuarenta años al que llamaré Lyn, quien se sometió a nuestro control de factor de riesgo coronario y a un programa de ejercicio que incluye un perfil de lípidos y lipoproteínas en sangre. En la primera analítica de Lyn, sus niveles de triglicéridos eran de aproximadamente 600 mg/dl, es de-

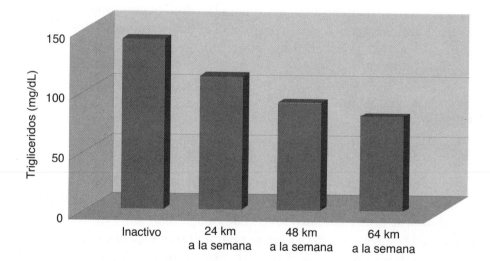

Figura 3.2 Los niveles de triglicéridos en sangre suelen ser inferiores en las personas físicamente activas. Cuanto más ejercicio se practica, menores son los niveles de triglicéridos.

Datos extraídos de J. L. Durstine *et al.*, 1987.

cir, cuatro veces la cantidad recomendada por el NCEP. Después de comenzar un programa de ejercicios que partió de tres sesiones semanales de 15 minutos de duración cada una, y avanzó hasta cuatro o cinco sesiones semanales de 30 minutos durante un total de doce semanas, sus niveles de triglicéridos en sangre se redujeron a 400 mg/dl. Se trata de una buena reducción, pero no llega al nivel recomendado. Lyn continuó con su ejercitación, y después de un año de entrenar cinco o seis días a la semana durante al menos 45 minutos por sesión, sus niveles de triglicéridos en sangre descendieron a aproximadamente 250 mg/dl. En otras palabras, Lyn consiguió acercar sus niveles de triglicéridos a parámetros normales mediante la práctica de ejercicio, si bien fue lo máximo que pudo conseguir mediante el entrenamiento.

Un último concepto a tener en cuenta es que casi inmediatamente después de iniciar el entrenamiento de resistencia se aprecia una alteración en los niveles de triglicéridos en sangre. Por ejemplo, entre 10 y 14 días después de comenzar un programa de ejercicios compuesto por actividad física moderada (caminar a paso ligero durante 30 minutos, cuatro o cinco veces a la semana), los niveles de triglicéridos en sangre comienzan a descender paulatinamente. Por desgracia, una vez que se interrumpe la regularidad del ejercicio, los triglicéridos vuelven a los niveles previos a la ejercitación casi en la misma cantidad de tiempo que se ha invertido para reducirlos (Gyntelberg *et al.*, 1977). Esto significa que para mantener la reducción en los triglicéridos debes practicar ejercicio físico con regularidad.

Quilomicrones y VLDL

Los quilomicrones de la sangre son los principales transportadores de triglicéridos postprandiales, si bien después de que una persona ayuna durante un período de 8 o más horas no aparecen quilomicrones en sangre. La VLDL, por su parte, es la principal transportadora de triglicéridos. Así que, como tanto los quilomicrones como la VLDL son los más importantes transportadores de triglicéridos, y dado que los niveles de triglicéridos en sangre descienden después del ejercicio, los quilomicrones y la VLDL también bajan después del ejercicio. El alcance de esta reducción está directamente relacionado con el volumen de ejercicio llevado a cabo durante el programa de resistencia y de los valores iniciales de triglicéridos. Además de los triglicéridos asociados a la VLDL, también una pequeña cantidad de colesterol está asociada a la VLDL, por lo que después de seguir un programa de ejercicio para reducir los triglicéridos VLDL, el colesterol VLDL también se reduce (Durstine y Thompson, 2001).

Lipemia postprandial

La lipemia postprandial es el período posterior a una comida durante el que los niveles de triglicéridos son más elevados que antes de comer. La lipemia postprandial exagerada es aquella en la que se necesita un período más prolongado para bajar los niveles de triglicéridos después de una comida, y está asociada a un mayor riesgo de cardiopatía. Una de las respuestas más claras a partir de una única sesión de ejercicios es la reducción de la lipemia postprandial. La ejercitación regular mejorará los resultados de la sesión individual, y reducirá lógicamente la lipemia postprandial en casi todos los individuos. Investigaciones recientes indican que la lipemia postprandial reducida está asociada a un menor riesgo de desarrollar cardiopatías (Tjerk *et al.*, 1999).

Colesterol

Aunque los periódicos, la radio y la televisión nos informan de que el ejercicio reduce el colesterol en sangre, en general no es así. El ejercicio no necesariamente reduce el colesterol en sangre; de hecho, la mayoría de los estudios sobre entrenamientos notan que sus valores no se alteran por la práctica de ejercicio en sí (Durstine *et al.*, 2002), y observan que, en ciertas condiciones, el colesterol en sangre incluso llega a elevarse después de la práctica de ejercicio. Pero al comenzar un programa de ejercicios suelen introducirse también cambios en la dieta, como por ejemplo una reducción del consumo de grasas. Y este cambio, combinado con el entrenamiento, sí que puede reducir el colesterol en sangre. Una segunda circunstancia es la restricción del número de calorías consumidas al comenzar un programa de ejercicio, y la consiguiente pérdida de peso; en este caso, el colesterol en sangre también puede disminuir. En resumen, para que se reduzca el colesterol en sangre a través de un entrenamiento mediante ejercicios es necesario reducir la grasa de la dieta o el peso corporal del individuo.

Consideremos nuevamente a Lyn, de quien ya hemos hablado, y analicemos los demás cambios que experimentó en los valores de lípidos. Su colesterol en sangre en el período inicial de control y pruebas era de 214 mg/dl. Después de las primeras 12 semanas de ejercicio, su peso corporal y su dieta no sufrieron ninguna variación, y su colesterol en sangre arrojó un resultado de 210 mg/dl. Sin embargo, un año después de comenzar el programa de ejercicios había perdido 13,6 kg de peso, había dejado de fumar y había cambiado su dieta para incluir menos grasa. Ahora su colesterol en sangre

Una de las grandes ventajas del ejercicio aeróbico, además de sus positivos efectos sobre el colesterol, es la variedad de modalidades entre las que puedes escoger.

era de 170 mg/dl, y Lyn se preocupaba por cumplir con su ejercicio diario y alimentarse adecuadamente. En resumen, después de 12 semanas, aunque había practicado ejercicio físico con regularidad, no había conseguido reducir su peso corporal ni cambiar su dieta, por lo que su colesterol en sangre permanecía igual; sin embargo, en los nueve meses siguientes continuó ejercitándose con regularidad, perdió peso y cambió su dieta, gracias a lo cual consiguió una notable reducción en sus niveles de colesterol en sangre.

Colesterol LDL

Como hemos explicado en el capítulo 2, el cLDL es el principal vehículo para el transporte del colesterol en sangre, y resulta elevado en quienes consumen grasa en exceso, en especial saturada (productos de origen animal), o en aquellos individuos cuya información genética determina tales valores. Por desgracia, el cLDL no suele disminuir después de la práctica regular de ejercicios de resistencia. Si bien es cierto que algunos estudios mencionan una reducción del cLDL después del entrenamiento físico, en esos casos los sujetos han reducido su consumo de grasas o disminuido su peso corporal, o ambas cosas (Durstine *et al.*, 2002).

La LDL presenta distintos tamaños, que oscilan entre partículas pequeñas y densas, y otras más grandes de menor densidad. Las partículas pequeñas y densas son las que se relacionan más estrechamente con la enfermedad coronaria. Algunas evidencias sugieren que el ejercicio físico regular puede reducir el número de partículas de LDL pequeñas, disminuyendo en consecuencia el riesgo general de cardiopatía. Un estudio reciente practicado sobre hombres sanos pero ligeramente excedidos de peso demostró que un año después de comenzar un programa de actividad física, el número de partículas pequeñas de LDL había cambiado (Kraus *et al.*, 2002). A pesar de que la reducción en número de partículas pequeñas de LDL no resultó estadísticamente significativa, tanto la cantidad de ejercicio llevada a cabo cada semana como la reducción en la grasa corporal demostraron estar vinculadas con dicha reducción en el número de partículas de LDL pequeñas. Un segundo estudio que evaluaba a hombres físicamente activos e inactivos con niveles elevados de colesterol en sangre demostró que los individuos físicamente activos presentaban niveles inferiores de triglicéridos en sangre y de partículas de LDL pequeñas (Halle *et al.*, 1997). Sin lugar a dudas, es necesaria mucha más investigación sobre este tema, pero los primeros indicios apuntan a que el incremento en la actividad física y la reducción del peso corporal ejercen un claro efecto sobre las partículas de LDL pequeñas y densas, que se traduce en un menor riesgo de cardiopatía.

Lp(a)

La Lp(a) es una forma de LDL que contiene una proteína especial conocida como apolipoproteína(a). Las personas que presentan niveles de Lp(a) superiores a 25 mg/dl se exponen a un riesgo extremadamente elevado de desarrollar alguna cardiopatía prematura. Por desgracia, dado que la Lp(a) es un rasgo heredado, llevar una vida físicamente activa o realizar ejercicio de forma regular no parece alterar los niveles de esta lipoproteína. Ciertos fármacos como la niacina y el estrógeno suelen reducir los niveles de Lp(a). Sin embargo, la participación en una rutina de ejercicio regular continúa siendo importante porque permite conseguir muchos otros beneficios, como una mejor capacidad funcional.

Colesterol HDL

Como hemos mencionado en el capítulo 1, el cHDL es conocido como colesterol bueno porque está asociado a un menor riesgo de cardiopatía: en otras palabras, siempre es conveniente disponer de niveles elevados de cHDL en sangre. Como también sucede con otras lipoproteínas, el cHDL resulta afectado por la genética y los factores medioambientales. Los factores que mejoran los niveles de cHDL son el ejercicio, la reducción de algunas influencias dietéticas, la disminución del peso corporal y el cambio en la composición corporal. El cHDL suele responder al entrenamiento de resistencia y aumenta de forma proporcional a la práctica (véase figura 3.3). Esto significa que cuanto más te ejercitas, más crece el cHDL. De todas formas, para que los programas de ejercicios consigan incrementar los valores de cHDL deben durar al menos 12 semanas. Este crecimiento del cHDL inducido por el ejercicio oscila entre el 4 y el 22 por 100, mientras que los valores reales lo hacen entre 2 mg/dl y 8 mg/dl. En aquellos individuos cuya genética les hace menos susceptibles a una respuesta favorable, el ejercicio de resistencia puede no aumentar el cHDL en sangre (Durstine *et al.*, 2001).

La duración del entrenamiento y la cantidad de ejercicio llevado a cabo semanalmente desempeña un papel importante a la hora de determinar el cambio en el cHDL. Doce semanas de ejercicios suelen incrementar los valores de cHDL; sin embargo, cuando la duración del programa es inferior a dicho período, no es probable que se observen cambios en el cHDL. Quizá la consideración más importante para la alteración de los valores de cHDL después del entrenamiento sea la cantidad de ejercicio llevado a cabo.

El porcentaje de grasa corporal es otro factor relacionado con el cambio del cHDL inducido por el ejercicio, apreciable después del entrenamiento.

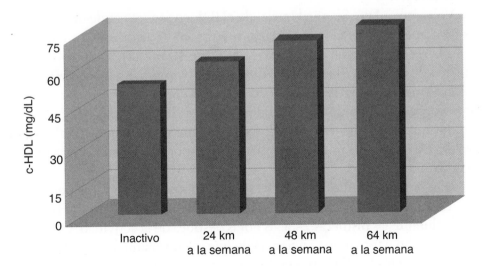

Figura 3.3 El incremento de cHDL inducido por el ejercicio se intensifica a medida que aumenta la cantidad de ejercicio.

Datos extraídos de J. L. Durstine *et al.*, 1987.

Las reducciones en la grasa corporal están muy relacionadas con el aumento del cHDL. En el mundo de la ciencia, este fenómeno se conoce como relación inversa, porque cuando un factor disminuye —en este caso, la grasa corporal—, otro aumenta: el cHDL. La pérdida de peso asociada a la restricción calórica, o la restricción calórica y el ejercicio que causan reducciones en el porcentaje de grasa corporal, también están relacionados con el incremento en los valores de cHDL. Lo más destacable es que cuando las dietas de restricción calórica y el ejercicio físico se combinan, se producen grandes cambios en la composición corporal y el cHDL. Los incrementos del cHDL inducido por el ejercicio surgen tanto en presencia como en ausencia de una menor proporción de grasa corporal, y el entrenamiento físico que no altera el peso ni la composición corporal puede incrementar el cHDL, si bien dicho crecimiento se potencia en cuanto se logra reducir la grasa corporal.

Al igual que sucede con las partículas de LDL, las de HDL presentan varios tamaños que oscilan entre las más pequeñas y densas y las más grandes y de menor densidad. Estas partículas mayores reciben el nombre de partículas de HDL_2. Y a diferencia de las pequeñas partículas de LDL, estrechamente relacionadas con un mayor riesgo de cardiopatía, las partículas más grandes y menos densas de HDL_2 mantienen una relación inversa con el riesgo de enfermedad coronaria, lo que significa que cuantas más partículas haya, menor será el riesgo de cardiopatía. El entrenamiento físico suele elevar las HDL_2.

Volvamos a Lyn. Su nivel inicial de cHDL en sangre era de 38 mg/dl antes de comenzar a practicar ejercicio físico con regularidad, una cifra inferior a la recomendación del NCEP (que es de 40 mg/dl). Después de doce semanas de ejercicio, su nivel de cHDL era de 41 mg/dl. En un año este hombre incrementó su entrenamiento, cambió su dieta, perdió peso, redujo su grasa corporal y dejó de fumar. Todos estos cambios acertados le permitieron optimizar sus niveles de lípidos y lipoproteínas en sangre. El cHDL de Lyn llegó a 46 mg/dl (un incremento de un 15 por 100), y su historia se convirtió en un éxito.

A la práctica regular de ejercicio se le atribuyen numerosos beneficios. En efecto, una única sesión de ejercicio puede incrementar el cHDL y la HDL_2 durante las primeras 24 a 48 horas después de la actividad. Conociendo este hecho y tomando conciencia de que el entrenamiento también puede incrementar el cHDL, podemos asegurar sin temor a equivocarnos que tanto una única sesión de ejercicio como un entrenamiento regular ejercen efectos positivos e independientes sobre los perfiles de lípidos y lipoproteínas en sangre. Esta información apoya la idea de que resulta por demás conveniente practicar ejercicio al menos en días alternos para maximizar sus beneficios.

Ejercicio de resistencia muscular

El estado aeróbico puede mejorar mediante un entrenamiento cardiovascular, en tanto que la condición muscular se optimiza con un entrenamiento basado en el uso de resistencias o pesas. El estado de los músculos incluye dos componentes, que son la resistencia y la fuerza; y precisamente por esa razón, para desarrollar un programa completo de preparación física no sólo deberías incluir ejercicios de resistencia muscular sino también de fuerza. Los ejercicios con pesas o con resistencias suelen ser practicados dos o tres días a la semana, y consisten en completar entre uno y tres circuitos (un circuito está compuesto por 5 u 8 tipos de ejercicio), realizar entre 6 y 14 repeticiones por serie y descansar brevemente entre cada una (entre 20 segundos y 2 minutos). El entrenamiento de resistencia de este tipo suele durar entre 30 y 40 minutos.

La *resistencia muscular* es la capacidad de un músculo esquelético específico para mantener su trabajo durante un período determinado. La resistencia muscular es específica de cada grupo de músculos, lo que significa que si trabajas los brazos, son éstos los que la desarrollan y no las piernas. Para mejorar la resistencia tanto de piernas como de brazos necesitarías practicar ejercicios en los que participaran ambos pares de extremidades. El objetivo general de un programa de resistencia muscular es prolongar la cantidad de tiempo que tardan los músculos en fatigarse. Y para conseguirlo se utilizan pesas ligeras, puesto que permiten llevar a cabo muchas repeticiones. Deberías incorporar a tu estilo de vida algunas actividades físicas que requieran resistencia muscular. A medida que progreses con tu programa y mejore tu resistencia, sería recomendable que añadieses pequeñas cantidades de peso. Con una resistencia muscular mayor tienes menos probabilidades de experimentar fatiga muscular.

La *fuerza muscular* es la capacidad del músculo para producir su fuerza máxima contra resistencia durante una contracción. Cuanto más fuerte seas, mayor será la fuerza que puedas producir en un solo esfuerzo. En contraste con la resistencia muscular, el objetivo de este tipo de entrenamiento es completar menos repeticiones pero con pesos superiores. A medida que progreses en tu entrenamiento y tu fuerza aumente, deberás añadir continuamente más peso o resistencia. Además, puedes aumentar la frecuencia de tus

El entrenamiento de fuerza mejora cualquier programa aeróbico regular y aporta beneficios generales.

sesiones de entrenamiento e incorporar nuevas series de ejercicios para conseguir mayores beneficios en términos de fuerza.

Los ejercicios de resistencia y fuerza muscular no suelen provocar los mismos cambios en los lípidos y las lipoproteínas que la ejercitación que desarrolla la resistencia cardiovascular. Ignoramos por qué el cambio es tan mínimo, pero es probable que la razón esté relacionada con el menor volumen de ejercitación llevada a cabo en el entrenamiento. Los ejercicios de resistencia muscular no alteran los niveles de triglicéridos en sangre aunque éstos sean inicialmente elevados. Los valores de colesterol total y cLDL también permanecen inalterables. Sin embargo, sí que se observan disminuciones en los niveles de colesterol en sangre y cLDL después del entrenamiento muscular cuando el porcentaje de grasa corporal se reduce y crece la masa corporal magra. De todas maneras, si la masa corporal total, la masa corporal magra y el porcentaje de grasa corporal permanecen inalterables, lo mismo sucede con el colesterol y el cLDL. No se observan cambios en el cHDL

después del entrenamiento muscular. Colectivamente, no existe ningún vínculo consistente entre el ejercicio de resistencia muscular y los cambios en el
colesterol y las lipoproteínas. Aunque este tipo de ejercicio puede no afectar al nivel de colesterol en sangre ni al de colesterol asociado a las lipoproteínas, la potencia y la fuerza muscular derivadas de esta actividad resultan
sumamente importantes para el fomento de la salud general y el buen estado físico.

Composición corporal y flexibilidad

Como hemos mencionado, la composición corporal y la flexibilidad son
los otros dos componentes del estado físico, además de la capacidad aeróbica y la fuerza y resistencia musculares. La composición corporal se refiere al
porcentaje de peso representado por tejido graso y el porcentaje de peso en
términos de tejido exento de grasa, o magro. El exceso de grasa corporal está
asociado a la hipertensión, la diabetes tipo 2 y la hiperlipidemia. En general, uno de los beneficios de mantenerse físicamente activo es la reducción
en la grasa corporal y el incremento del tejido magro. Esto, a su vez, produce un efecto beneficioso sobre el perfil de colesterol y lipoproteínas en sangre, pero también sobre la hipertensión y la diabetes tipo 2.

La flexibilidad alude a la capacidad de una articulación para ejecutar un
radio de movimiento completo. Aunque la flexibilidad es importante en el
aspecto atlético, también es fundamental para llevar a cabo las actividades
cotidianas. La flexibilidad depende de muchas condiciones, incluida la capacidad de estiramiento de las articulaciones, la tensión de tejidos como li-
gamentos y tendones, y un adecuado calentamiento. Además, así como la
fuerza muscular es específica de los grupos musculares afectados, la flexibilidad es específica de cada articulación. Debido a esta característica, es necesario incluir ejercicios de flexibilidad en los que participen todas las articulaciones del cuerpo. Cuando incorporas ejercicios de flexibilidad (también
llamados ejercicios de radio de movimiento y estiramiento) en un programa
de ejercicios, tu flexibilidad aumenta.

Actividad física

Tanto la actividad física como el ejercicio planificado deberían formar
parte de los hábitos de vida de todo el mundo. En este capítulo hemos ha-

blado de los beneficios del entrenamiento físico sobre el perfil de colesterol y lipoproteínas. En esta sección nos centraremos en los efectos que produce sobre dichos perfiles el hecho de mantenerse físicamente activo. En primer lugar, la actividad física no es necesariamente un ejercicio planificado (véase explicación sobre las diferencias entre ambos). La actividad física que forma parte de tus actividades cotidianas puede beneficiar considerablemente tu salud. Por eso, cuanta más actividad física incluyas en tu vida diaria, mayores serán las recompensas. Por ejemplo, subir las escaleras en lugar de utilizar el ascensor es una de las formas de incorporar más actividad física a tu rutina cotidiana. Otro ejemplo es estacionar el coche lejos del sitio al que te diriges. Como resultado de subir escaleras y recorrer grandes distancias andando, incorporas más actividad física a tu estilo de vida, y esta mayor actividad diaria mejora tu salud.

Hace aproximadamente 50 años, el doctor Jeremy Morris, investigador, decidió estudiar a los conductores y revisores de los autobuses londinenses. Los conductores suelen permanecer casi todo el día sentados, mientras que los revisores recorren el vehículo permanentemente y suben y bajan las escaleras de los autobuses de dos pisos. El doctor Morris descubrió entonces que los conductores sufrían más problemas de salud (cardiopatías incluidas) que los revisores (Morris *et al.*, 1966). Muchos de los problemas médicos fueron atribuidos a la inactividad de los conductores; de hecho, ellos presentaban más probabilidades de sufrir hipertensión y de desarrollar obesidad y perfiles anormales de lípidos en sangre. La conclusión, por consiguiente, es que la actividad física influye sobre el perfil de lípidos en sangre; pero la pregunta es: ¿cuánta actividad se necesita para producir un cambio?

Optimizar el ejercicio para mejorar el colesterol

Para optimizar el perfil de lípidos y lipoproteínas en sangre es necesario consumir entre 1.200 y 1.500 kilocalorías de energía a la semana (Durstine *et al.*, 2001), lo que equivale a una caminata a paso ligero o una sesión de trote lento de 3 o 5 km de recorrido seis días a la semana. Aunque parece una respuesta clara y concisa, existen otras consideraciones a tener en cuenta. Primero, existen diferentes niveles o umbrales de consumo energético que producen cambios en los lípidos y las lipoproteínas. Por ejemplo, una persona sedentaria que comienza un programa de ejercicios diario seguramente observará una reducción en sus niveles de triglicéridos en sangre después de varias semanas. La proporción de consumo energético o el volumen de ejercicio necesario para que se produzca un cambio en los triglicéridos son inferiores a los que se requieren para provocar alteraciones en los lípidos. Por otro lado, los cambios en el cHDL requieren de varios meses de ejercicio regular y un consumo energético semanal de entre 1.200 y 1.500 kcal.

Otro punto que debemos tener en cuenta es el estado físico de la persona. Si eres físicamente inactivo, iniciar una actividad física provocará algunos cambios en tus valores de lípidos y lipoproteínas en sangre; pero si eres una persona físicamente activa y presentas niveles elevados de cHDL, necesitarás incorporar más actividad física y ejercicio planificado para conseguir cambios adicionales en los lípidos y las lipoproteínas. Es importante que incorpores a tus hábitos de vida toda la actividad física que puedas, pero para optimizar los cambios en los lípidos y las lipoproteínas tienes que incluir una rutina planificada de ejercicios.

Cuanto más te ejercites, mayores serán los cambios que podrás efectuar sobre los niveles de lípidos y lipoproteínas. Sin embargo, una vez que hayas alcanzado un consumo calórico semanal de entre 1.200 y 1.500 kcal, tendrás que ejercitarte todavía más para provocar cambios notables en los lípidos y las lipoproteínas. Para muchas personas un consumo energético de entre 1.200 y 1.500 kcal a la semana es una meta relativamente fácil de conseguir.

Un último punto que no debes olvidar es que cuentas con la posibilidad de dividir el ejercicio en más de una sesión diaria. Si, por ejemplo, tu plan incorpora 30 minutos de ejercitación diaria, puedes conseguir aproximadamente las mismas mejorías en tu perfil de lípidos y lipoproteínas en sangre realizando varias sesiones al día que sumen 30 minutos en total. Diversos estudios han evaluado los beneficios de cumplir con varias sesiones en un mismo día, siempre que sumen el mismo tiempo y consumo energético total que una única sesión (es decir, dos sesiones de ejercicio de 15 minutos que suman en total 30). Y los resultados sugieren que ejercitarse durante 30 minutos en una única sesión diaria aporta los mismos beneficios sobre el perfil de lípidos y lipoproteínas que llevar a cabo dos sesiones de 15 minutos cada una en el mismo día (Donnelly *et al.*, 2000).

No muchas personas tienen claro si correr o trotar es la mejor forma de obtener cambios destacables en los lípidos y las lipoproteínas. La respuesta es sencilla: puedes conseguir las mismas alteraciones en los lípidos y las lipoproteínas independientemente del tipo de ejercicio que elijas; y existen muchos, como montar en bicicleta, remar o salir de caminata. Tu objetivo es conseguir un consumo energético equivalente a entre 1.200 y 1.500 kcal a la semana. El tipo de ejercicio no es tan importante como alcanzar este consumo energético. En el capítulo 5 encontrarás más información sobre cómo determinar si, en efecto, estás consumiendo las calorías necesarias.

La intensidad de la sesión de ejercicio, o lo mucho que te esfuerces, es importante. Sin embargo, a pesar de que la intensidad del ejercicio consigue optimizar los cambios en los lípidos y las lipoproteínas, la consideración más importante es el volumen de ejercitación llevada a cabo. Puedes argumentar que cuanto más rápido e intensamente trabajes, mayor será el volumen de ejercicio que completes en un período determinado. Pero, por desgracia, esta idea no siempre es correcta. Si la intensidad del ejercicio es excesiva, es posible que no entrenes durante un período suficientemente prolongado como para alcanzar el volumen necesario de ejercicio que permita optimizar tu perfil de lípidos y lipoproteínas. La intensidad apropiada oscila entre el 40 y el 60 por 100 de tu máximo nivel de ejercitación; es la que se alcanza al caminar a paso ligero o trotar lentamente durante al menos 30 minutos. En el capítulo 5 encontrarás detalles sobre cómo calcular tu máximo nivel de ejercitación y de qué manera cuantificar su intensidad.

Por último, cabe destacar que algunos organismos responden a la práctica de actividad física y ejercicio planificado mejorando el perfil de lípidos y lipoproteínas en sangre, pero otros no. Muchos son los factores que componen el perfil de lípidos y lipoproteínas, y uno de ellos es la genética. Existe evidencia de que la mayoría de las personas responden al ejercicio (es decir, son *responsivas*), en tanto que una minoría de ellas (a las que llamamos *no responsivas*) no responde o lo hace demostrando un cambio menor en sus valores de lípidos y lipoproteínas. Un buen ejemplo es el de la lipoproteína Lp(a): el ejercicio no produce ningún cambio sobre ella porque está genéticamente determinada.

Resumen

En este capítulo has aprendido que incorporar actividad física y ejercicio planificado a tu vida te aportará muchos beneficios para la salud, incluyendo un menor riesgo de sufrir ciertas enfermedades. Hemos explicado la importancia de adoptar un estilo de vida que incluya tanto actividad física como ejercicio planificado con el fin de optimizar el perfil de lípidos y lipoproteínas. También hemos repasado el concepto de los umbrales de consumo energético y la necesidad de alcanzarlos para aumentar la probabilidad de modificar los lípidos y las lipoproteínas en sangre. La práctica diaria de ejercicio durante 15 o 20 minutos provocará un mínimo cambio en los triglicéridos en sangre y muy posiblemente casi ninguno o ningún cambio en el cHDL, puesto que para alterar los niveles de cHDL es necesario respetar una ejercitación diaria planificada y llevada a cabo a intensidad moderada, como caminar a paso ligero o trotar lentamente durante 30 minutos o más, siguiendo un programa de ejercicios general que dure al menos 12 semanas. Estos 30 minutos de ejercicio moderado pueden llevarse a cabo en una única sesión diaria o ser divididos en varias sesiones menores, como por ejemplo dos períodos de 15 minutos.

PLAN DE ACCIÓN

El ejercicio físico como herramienta para mejorar el colesterol y la salud

❖ Evalúa los numerosos beneficios para la salud que puedes conseguir a través de la actividad física y el ejercicio regular.

❖ Recuerda que la cantidad de ejercicio que te aportará beneficios generales para la salud es inferior a la necesaria para mejorar tu estado físico.

❖ Nota la importancia de realizar ejercicio físico para modificar la forma en la que el colesterol es transportado por el organismo, y en especial para incrementar los niveles de cHDL.

❖ Aprende el efecto que provoca sobre el colesterol cada uno de los componentes de lo que conocemos como estado físico:
  • estado cardiovascular
  • fuerza muscular
  • resistencia muscular
  • flexibilidad
  • composición corporal

❖ Conoce la proporción de consumo energético semanal que necesitas para optimizar tu perfil de colesterol y los factores que determinan esta cifra.

CAPÍTULO 4

Establece una serie de objetivos para modificar tu perfil de colesterol

En los primeros capítulos de este libro has aprendido que el colesterol en sangre participa en muchas actividades del organismo, pero que cuando es elevado corres el riesgo de desarrollar diversas enfermedades, específicamente cardiopatías. También te has enterado de dónde proviene el colesterol, de qué forma es transportado por el torrente sanguíneo como lipoproteínas, cuáles son los efectos de la actividad física y el ejercicio planificado sobre el colesterol en sangre, y qué beneficios generales para la salud puedes conseguir a partir de un estilo de vida que incluya niveles moderados de actividad física y ejercicio planificado. Los próximos capítulos se centran en cuatro intervenciones capaces de alterar positivamente el colesterol en sangre, así como el modo en que éste es transportado por el torrente sanguíneo (véase el próximo recuadro, que explica en términos generales de qué forma controlar el colesterol en sangre). Este capítulo te prepara para comenzar a cambiar tu forma de vida, con el fin de que puedas reducir tu colesterol en sangre, optimizar tu actividad física y ejercitación planificada diaria y reducir así el riesgo general de sufrir alguna cardiopatía prematura.

Cambios positivos en los hábitos de vida

Como casi todo el mundo, es probable que en Nochevieja hayas tomado la decisión de dejar de fumar, perder peso o comenzar a realizar ejercicio físico, y es posible que incluso hayas mantenido esos buenos propósitos durante un tiempo. Sin embargo, muchas veces la vida nos supera y nues-

Cómo controlar el colesterol en sangre

El colesterol en sangre resulta afectado por diversos factores, incluyendo la genética, la dieta, el ejercicio y la medicación. Puesto que muchos son los factores que pueden elevar el colesterol en sangre, deberías hablar con tu médico sobre cómo reducirlo. De todas formas, cualquier plan para disminuirlo debería incluir cambios en la dieta —como un menor consumo de grasa y colesterol—, un programa de ejercicios y, en caso de necesidad, la medicación correspondiente.

tras mejores intenciones se quedan en el camino. A casi todos nos cuesta mucho cambiar de vida. Y mantener el cambio nos resulta incluso más difícil cuando lo que deseamos es conseguir más de una modificación a la vez. Los científicos han identificado las cinco etapas del cambio que resulta necesario experimentar para adoptar nuevos comportamientos. Y las incluimos aquí porque conocerlas puede ayudarte a modificar tu estilo de vida. También debes saber que puedes comenzar a plasmar los cambios en cualquiera de estos puntos. La figura 4.1 te enseña un método, paso a paso, para determinar en qué etapa te encuentras.

- Preconsideración: ni siquiera piensas en el cambio.
- Consideración: piensas en el cambio de vez en cuando, pero no actúas al respecto.
- Preparación: aplicas el nuevo comportamiento de forma irregular.
- Acción: aplicas el nuevo comportamiento de forma consistente pero durante menos de seis meses.
- Mantenimiento: mantienes el nuevo comportamiento durante seis meses o más.

La preconsideración es la etapa del proceso de cambio en la que no se ha desarrollado el deseo de alterar el comportamiento durante los próximos seis meses. Se parte de ese período porque la mayoría de las personas necesita precisamente seis meses para planificar un cambio específico en su conducta. En esta fase es posible que ni siquiera tengan conciencia de los comportamientos específicos que necesitan cambiar. Por otro lado, algunos individuos son muy conscientes de las consecuencias de su comportamiento en esta etapa, pero intentan evitar los cambios porque ignoran qué pasaría si los llevaran a cabo. Otra posibilidad es que lo hayan intentado pero que

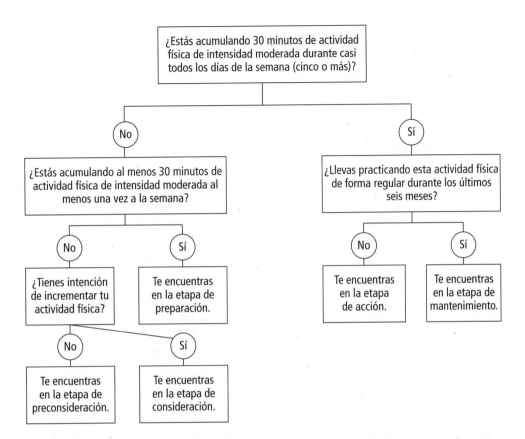

Figura 4.1 Representación esquemática de la disposición a un cambio de comportamiento. Las preguntas ayudan a determinar hasta qué punto estás decidido a cambiar. Conocer la etapa en la que te encuentras puede ayudarte a descubrir lo que necesitas para dar un paso más.

Adaptado, con permiso, de A. V. Carron, P. A. Estabrooks y H. A. Hausenblas (2003): *The psychology of physical activity,* Nueva York, NY: McGraw-Hill Higher Education, 159-170.

el cambio acabara en fracaso, y que entonces hayan optado por seguir adelante sin plasmar ninguna modificación.

Una forma de facilitar el paso de la etapa de preconsideración a la de consideración es tomar mayor conciencia de la necesidad de ese cambio. Existen muchas formas de conseguirlo, pero los medios de comunicación son, sin lugar a dudas, la mayor de las influencias posibles. En la etapa de consideración te planteas cambiar un comportamiento durante los próximos seis meses (un lapso idéntico al de la etapa de preconsideración), y no sólo eres consciente de los beneficios que te aporta el cambio de comportamiento, sino también de algunas de las barreras que te impiden conseguirlo. Ahora debes desarrollar un plan para hacer realidad el cambio. La primera parte de dicha planificación consiste en establecer objetivos tanto a corto como a largo plazo. Los objetivos a corto plazo tienen que ser razonables y factibles, porque el hecho de cumplirlos te demostrará tu eficiencia y seguridad en ti mismo y eso te ayudará a conseguir el cambio de comportamiento que deseas.

Las barreras se convierten en motivos para no cambiar, y puesto que son diferentes para cada persona, tienes que superar las tuyas si realmente deseas hacer realidad la modificación que te has planteado. Algunos ejemplos de este tipo de barreras son la situación económica, los problemas familiares que impiden el cambio y la falta de deseo de llevarlo a cabo.

Si comienzas a buscar ayuda en otras personas quiere decir que te encuentras preparado para pasar de la etapa de consideración a la de preparación. La etapa de preparación es aquella en la que pretendes realizar un cambio en los próximos 30 días y ya has intentado llevarlo a cabo en al menos una ocasión. Ésta es la etapa en la que más probabilidades tienes de efectuar una modificación en tu comportamiento y plasmar de forma consistente y positiva el patrón de comportamiento al que aspiras. A partir de entonces podrás «medir» el cambio realizado determinando o cuantificando tu cambio de comportamiento. Por ejemplo, si lo que te has planteado es dejar de consumir alguna sustancia o de fumar, puedes determinar tu éxito cuantificando la cantidad de tiempo que llevas sin consumir o fumar. En el caso del colesterol en sangre, el éxito en el cambio se materializa como una reducción del nivel de colesterol después de una intervención. Si el cambio de comportamiento que te has planteado consiste en comenzar un programa de ejercicios, una forma de determinar el éxito logrado es cuantificar la cantidad de veces que entrenas a la semana. Y si mantienes dicho comportamiento de forma regular durante seis meses, ya estarás preparado para pasar a la quinta fase: el mantenimiento.

La etapa de mantenimiento puede durar varios años, y en el mejor de los casos toda la vida. El comportamiento modificado es el factor determinante de la duración de esta etapa. Pero sobra aclarar que una vez que hayas desarrollado un estilo de vida que consiga disminuir tu nivel de colesterol en sangre, tendrías que mantenerlo siempre.

Cómo evitar las recaídas

Las recaídas pueden aparecer en cualquier momento, razón por la cual necesitarás aprender a anticipar y controlar los problemas relacionados con tus antiguos patrones de comportamiento. Las recaídas son probablemente el mayor reto que tendrás que afrontar cuando cambies tus hábitos alimentarios y comiences un programa de ejercicios. Pero debes prepararte para ellas sabiendo que pueden surgir en cualquier momento y que tendrás que encontrar la forma de reducir sus probabilidades de aparición.

El cambio de comportamiento se lleva a cabo en etapas, pero no siempre se avanza en la dirección deseada. En muchas ocasiones, por cada dos pasos hacia delante que demos debemos retroceder uno. Es normal. Cada movimiento, de avance o retroceso, forma parte del proceso general de cambio. Puedes permanecer en una etapa durante mucho tiempo antes de avanzar, o bien pasar a otra rápidamente, mantenerte en ella durante un breve período, tambalear, y volver temporalmente a una etapa inicial. Eso no quiere decir que hayas fracasado: sencillamente demuestra que estás intentando cambiar.

La clave del cambio está en la aplicación de diferentes técnicas, como registrar tu progreso, pedir ayuda a amigos o profesionales y pensar positivamente. Y todos estos métodos resultan de gran ayuda para superar barreras y evitar recaídas. En los siguientes párrafos consideraremos cada una de dichas prácticas por separado.

Una técnica importante que puedes aplicar con facilidad es la de llevar un registro de tu progreso y de lo que haces para conseguir un cambio. La mayoría de las personas escribe un diario. Si hablamos de un programa de ejercicios, por ejemplo, el diario podría incluir la fecha, la hora del día, el tipo de actividad, la cantidad de tiempo dedicado a ella y, si corresponde, la distancia recorrida (es decir, caminar 3 km en 30 minutos, correr 5 km en 35 minutos, asistir a una clase de spinning de 45 minutos). Si lo deseas puedes incluir también más detalles, como tu sensación general o tu ritmo cardíaco.

Otra estrategia que muchas personas consideran efectiva es la de buscar el apoyo de un amigo, algo que a casi todo el mundo le resulta agradable. Esta técnica sólo exige que te pongas en contacto con la persona que tú elijas para que te anime a continuar con tu programa de ejercicios. Tener alguien con quien hablar mientras entrenas suele conseguir que el tiempo pase más de prisa.

También puede ayudarte a materializar tu cambio el hecho de trabajar con un entrenador profesional. Si cuentas con la ayuda de un monitor al que puedas pagar para que te guíe —en especial al comienzo del programa de ejercicios—, disfrutarás de la inmensa ventaja de hacer los ejercicios correctos de la forma adecuada. El entrenador también te animará y ayudará a superar las barreras relacionadas con la regularidad del programa.

Una última técnica que definitivamente debes aplicar es la de mostrarte

Hacer ejercicio con un amigo y participar en aquellas actividades que de ver-
dad disfrutas son dos estrategias para
incrementar tu motivación y cumplir
con tus objetivos de entrenamiento.

positivo frente al ejercicio. Para algunas personas puede no suponer un problema, pero muchas otras prefieren tomar medicamentos a practicar ejercicios físicos. En la actualidad simplemente no existe ninguna medicación que
te aporte los beneficios del ejercicio, que ya hemos enunciado en el capítulo 3.
Además, comenzar y mantener un programa de ejercitación supone un gas-
to ínfimo, mientras que los medicamentos pueden resultar costosos. Con la
intención de mantener una actitud positiva frente al ejercicio regular, me resulta muy útil imaginar que el ejercicio es un medicamento. Suelo bromear
con mis amigos sobre «tomarme la pastilla», haciendo referencia a cumplir con
el entrenamiento que debo llevar a cabo cada día. Parte del desarrollo de una
actitud positiva frente al ejercicio es la certeza de que cada vez que entrenas
estás consiguiendo muchos beneficios para tu salud.

Diversos estudios científicos demuestran que estas técnicas pueden ayudar a reducir las posibles recaídas. Los principios que enunciaremos en lo
que queda de este capítulo tienen la finalidad de ayudarte a disminuir tus
valores de colesterol en sangre, desarrollar un programa de actividad física y
comenzar y mantener un plan de ejercicio planificado.

Los pequeños cambios constituyen el primer paso hacia un gran cambio a largo plazo y una buena salud, y para conseguir ambas metas no hay nada mejor que desarrollar comportamientos asociados a una forma de vida sana.

Cómo superar las barreras que nos dificultan el cambio

Todo el mundo encuentra barreras que le dificultan cambiar. Sin embargo, existen diferentes alternativas para superarlas y modificar así los hábitos de vida. Una buena forma de dejar atrás una barrera consiste simplemente en saber que es posible reducir el riesgo de sufrir una cardiopatía disminuyendo el nivel de colesterol en sangre. Y la información es una importante herramienta de motivación para efectuar cambios de comportamiento. En lo que queda de este libro encontrarás muchas otras posibilidades que te ayudarán a alcanzar tus objetivos. Con suerte, ya habrás descubierto algunas razones personales para encontrar el modo de superar tus barreras; porque cada uno de nosotros cuenta con una o dos razones importantes que resultan suficientemente fuertes como para ponernos en marcha aunque no estemos de humor. Y es por eso que debes esforzarte por descubrir cuáles son esas razones en tu caso.

Existen múltiples factores ambientales y personales que pueden ayudarte a superar las barreras que te impiden cambiar, y con el material que te presentamos a continuación aprenderás cuáles son y cómo puedes hacer uso de ellos. El primer factor es el refuerzo, que según el caso puede ser considerado una consecuencia positiva o negativa del comportamiento. El refuerzo positivo es la recompensa que obtienes como resultado de avanzar hacia tu meta, mientras que el refuerzo negativo es una consecuencia negativa que te ayuda a moverte en la dirección adecuada. Por ejemplo, si tu objetivo es disminuir tu colesterol en sangre y lo consigues, un refuerzo positivo sería una recompensa como, por ejemplo, comprarte ropa nueva. Por otro lado, si tu colesterol en sangre se mantiene en el mismo nivel o incluso aumenta, un refuerzo negativo consistiría en buscar algún tipo de compensación, como por ejemplo pagar una multa o abandonar una actividad especial hasta que avances en la dirección correcta. La mayoría de las personas prefiere recurrir al refuerzo positivo más que al negativo, porque resulta más agradable obtener una recompensa que abandonar una actividad agradable.

Además de comprender la importancia del refuerzo, deberías tomar conciencia de que posiblemente encuentres ciertos límites a la hora de cambiar

tus niveles de colesterol en sangre. Cada persona puede alterarlos utilizando cualquiera de las intervenciones descritas en las próximas páginas de este
libro (es decir, ejercicio y nutrición). Pero la pregunta es: ¿en qué medida
pueden cambiar esos niveles? Cada individuo cuenta con una capacidad para
modificar su colesterol que depende de diversos factores genéticos. Y si bien
la genética es un condicionante, no dudes de que tus valores de colesterol
en sangre podrían experimentar una alteración de aproximadamente un 25
por 100 o más como resultado de la buena nutrición, la actividad física y el
ejercicio planificado.

Para facilitar el cambio no sólo debes creerte capaz de conseguirlo, sino
que tienes que esforzarte; y puesto que el colesterol en sangre depende de
muchos factores, necesitarás centrarte en más de uno de ellos. No olvides
que el cambio sólo se consigue siguiendo una serie de recomendaciones para
desarrollar buenos hábitos nutricionales, incorporar actividad física diaria al
tipo de vida de cada uno y destinar cada día un poco de tiempo al ejercicio
planificado.

Otro punto a tener en cuenta durante la modificación de los hábitos
de vida es que el comportamiento puede recibir la influencia tanto de las
creencias y los sentimientos personales como del entorno. Si, por ejemplo,
no te gusta tu aspecto cuando llevas ropa de deporte, ese sentimiento
se convierte en una barrera para tu ejercitación y por esa razón necesitas
crear un plan que te permita superar este obstáculo. La adquisición de in-
dumentaria deportiva nueva es un refuerzo positivo para el ejercicio. Otra
consideración básica es el entorno en el que te muevas, es decir, la posibilidad de rodearte de personas que deseen alcanzar objetivos similares a los
tuyos. Para mejorar tu entorno te interesaría buscar un compañero de entrenamiento, unirte a un grupo deportivo o contratar a un entrenador profesional.

Cuando pretendas evaluar si un programa de reducción del colesterol es conveniente o no, sólo tienes que responder a la siguiente pregunta: ¿ha conseguido bajar tu colesterol en sangre? Si la respuesta es sí, quiere decir que la intervención ha sido un éxito. Reducir el colesterol en
sangre es un proceso complejo porque el colesterol recibe la influencia
de muchos factores; pero tú puedes elegir entre varias alternativas de intervención, como por ejemplo comenzar un programa de ejercicio planificado y alterar tu dieta. Éste es el momento de pensar en plantearte algunos objetivos.

Establecer objetivos

El establecimiento de objetivos se convierte en una importante técnica para desarrollar niveles de colesterol adecuados. En su aspecto más simple, el proceso te permite elegir el camino a seguir para disminuir tu colesterol en sangre. Si tienes muy claro lo que quieres alcanzar y te marcas las metas adecuadas, es muy probable que las consigas. Establecer una meta puede proporcionarte tanto una visión a largo plazo como una motivación a corto plazo, además de favorecer que te centres en disminuir tu colesterol en sangre. Si te planteas objetivos inteligentes, claramente definidos y realistas, en cuanto los alcances podrás cuantificar fácilmente tu logro y además te enorgullecerás de lo que has conseguido.

La forma en que establezcas tus objetivos influirá considerablemente en su eficacia. Al comenzar un proceso de establecimiento de objetivos, intenta recordar que deben ser específicos, cuantificables, factibles, realistas y orientados a largo plazo.

- **Específicos.** Las personas que se plantean objetivos específicos tienen más probabilidades de conseguirlos. Por ejemplo, al desarrollar un programa de ejercicios podrías plantearte el objetivo de caminar durante 15 minutos todas las mañanas en lugar de simplemente pensar: «Esta semana practicaré más ejercicio». Otro ejemplo de una meta específica podría ser la disminución de tu nivel de colesterol en sangre hasta llegar a 200 mg/dl en un plazo de seis meses.

- **Cuantificables.** Practicar más ejercicio es una idea loable, pero no se trata de un objetivo cuantificable. Sin embargo, caminar 8 km tres días a la semana sí que lo es. Deberías plantearte objetivos que puedas cuantificar dentro de un marco temporal específico. Por ejemplo, disminuir tu colesterol en sangre en 15 mg/dl en el plazo de cuatro semanas es una meta cuantificable (15 mg/dl) prevista para un lapso de tiempo específico (cuatro semanas).

- **Factibles.** El establecimiento de objetivos es una aptitud que se adquiere con la práctica. Deberías plantearte metas que estén ligeramente fuera de tu alcance inmediato, aunque no tan lejanas como para que no albergues la menor esperanza de alcanzarlas. Nadie se esfuerza realmente por alcanzar un objetivo que parece imposible. Además, creer que una meta es inalcanzable no hace más que impedir su consecución. Por eso, cuando te plantees un objetivo intenta determinar si es factible en tus circunstancias actuales. Ten en cuenta factores como el cansancio, la necesidad de descansar y el exceso de trabajo. Plantéate objetivos que cumplan con las recomendaciones de tu programación, pero no temas adaptarlos si tus factores personales cambian. En otras palabras, analiza permanentemente tus metas para asegurarte de que sean factibles.

- **Realistas.** ¿Eres de esas personas que siempre esperan ser las mejores? Plantearse el objetivo de ser el mejor, en cualquiera de los sentidos de esta expresión, no siempre resulta realista. Las expectativas poco realistas ignoran el retroceso inevitable que indefectiblemente tiene lugar, así como los múltiples factores que ayudan a conseguir una meta específica. Por eso es preferible que te plantees objetivos que te ayuden a mejorar y te permitan acercarte a la consecución de esas metas de forma más consistente. Por ejemplo, podrías plantearte el objetivo a largo plazo de reducir tu colesterol en sangre hasta alcanzar la cifra de 200 mg/dl en seis meses.

- **Orientados a largo plazo.** Las metas a corto plazo nos ayudan a aprender a plantearnos objetivos. Si tu meta a largo plazo consiste en disminuir tu colesterol en sangre hasta un nivel inferior a 200 mg/dl en dos meses, lo más probable es que no lo consigas porque se trata de un período demasiado breve. Pero sí podrías pensar en varios objetivos a corto plazo que te permitieran modificar tu dieta para incluir menos grasa, y reducir tu peso corporal entre 2 y 3,5 kg en dos meses. También recuerda que la disminución del colesterol en sangre depende de varias consideraciones, incluyendo sus valores iniciales y el factor genético. Si tu colesterol en sangre es muy elevado, tendrías que plantearte varios objetivos a corto plazo que te permitieran alcanzar tu meta a largo plazo. Otro ejemplo de objetivo a corto plazo es la programación de tus ejercicios. Si tu meta consiste en caminar una hora al día cinco veces a la semana, posiblemente te interese establecer varios objetivos a corto plazo que te conduzcan hacia tal propósito. Un objetivo a corto plazo podría consistir en caminar durante dos sesiones de 15 minutos los martes, jueves y sábados. Con posterioridad tendrías que incrementar gradualmente el número de minutos y la cantidad de días a la semana que dedicas a caminar, hasta que alcances el objetivo a largo plazo. En el párrafo anterior hemos mencionado que reducir el colesterol en sangre hasta 200 mg/dl en un período de seis meses es un ejemplo de objetivo realista a largo plazo. Y establecer un objetivo a corto plazo que consista en reducir el colesterol en sangre en 15 mg/dl en cuatro semanas es una herramienta para alcanzar el objetivo final.

El siguiente recuadro plantea otras sugerencias adicionales sobre el establecimiento de objetivos, la cuantificación del progreso y la evaluación del siguiente paso a seguir. También hemos incluido un ejemplo de un formulario de registro de progresos.

Registrar, cuantificar y evaluar objetivos

Establece tus objetivos recurriendo al formulario que aparece en la figura 4.2. Recuerda que las metas tienen que ser específicas, cuantificables, factibles, realistas y orientadas a largo plazo. Un ejemplo de objetivo a largo plazo es la disminución del colesterol en sangre por debajo de 200 mg/dl en un plazo de seis meses. Este objetivo es específico, realista y cuenta con un marco temporal. Y después de establecer metas a largo plazo, también tienes que plantearte objetivos a corto plazo, como por ejemplo seguir las pautas del NCEP y buscar ayuda profesional en un lapso de dos semanas para adoptar una dieta nutritiva que te per-

ESTABLECIMIENTO DE OBJETIVOS

Mi objetivo a largo plazo es _____

_____

Pretendo conseguir esta meta hacia el _____ (fecha).

Mi objetivo a corto plazo es _____

_____

Pretendo conseguir esta meta hacia el _____ (fecha).

Me he planteado controlar o cuantificar mi progreso hacia cada uno de estos objetivos a largo y corto plazo de la siguiente manera: _____

_____

_____

Figura 4.2 Ejemplo de formulario de objetivos

mita reducir tu peso corporal y así disminuir tu colesterol en sangre. La evaluación del progreso hacia el objetivo es fácil: ¿has buscado ayuda en ese plazo de dos semanas? Una vez realizada la consulta al dietista, el siguiente objetivo a corto plazo consiste en seguir la dieta fijada durante al menos ocho semanas. La evaluación de esa meta a corto plazo incluiría una respuesta positiva a la siguiente pregunta: después de ocho semanas, ¿has seguido las pautas de la dieta, has bajado de peso y has reducido tu colesterol en sangre? Ahora ya te encuentras preparado para formular tu siguiente meta a corto plazo.

Otro ejemplo de objetivo a largo plazo es la práctica de ejercicios durante 30 a 60 minutos diarios, al menos cinco días a la semana y en un plazo de seis meses. Para cumplirlo, una primera meta a corto plazo consistiría en caminar durante 15 minutos los martes, jueves y sábados durante tres semanas. Sólo después de ese período sería conveniente que evaluaras el progreso realizado, para lo cual bastará con que te plantees la siguiente pregunta: «¿Estás caminando durante 15 minutos, tres días a la semana?». Si tu respuesta es afirmativa, ya puedes pasar al siguiente objetivo a corto plazo. Y una vez cumplido, deberías establecer un nuevo grupo de objetivos a corto plazo que apunten a la consecución de cada una de tus metas a largo plazo.

Saca provecho tanto de tus éxitos como de tus fracasos

Cuando consigas un objetivo, disfruta de la satisfacción de haber logrado lo que te habías planteado. Asimila las implicaciones de tu triunfo, y observa el progreso que has hecho hacia otras metas. Si el objetivo era significativo o te habías esforzado por conseguirlo durante algún tiempo, aprovecha la oportunidad para recompensarte adecuadamente. Podrías, por ejemplo, comprarte nueva ropa deportiva, o regalarte un fin de semana en la playa o una tarde en algún espectáculo que te apetezca. Analiza cuáles son tus recompensas y esfuérzate por conseguirlas.

Pero cuando fracases en conseguir un objetivo, no descartes la importante información que recibirás no sólo de ti mismo sino también de otras personas. Si, por ejemplo, intentas disminuir tu colesterol en sangre y te has planteado el objetivo a corto plazo de reducirlo en 15 mg/dl en un plazo de cuatro semanas, es posible que no lo consigas. Esas cosas pasan, pero debes aprender de tus errores. Las razones de tu fracaso pueden ser que no te hayas esforzado lo suficiente, que hayas ignorado las recomendaciones dietéticas o relacionadas con el programa de ejercicios, que carezcas de aptitudes o conocimiento sobre cuestiones dietéticas o de ejercicio, o bien que te hayas planteado objetivos poco realistas. Así que, frente a un fracaso, debes preguntarte: «¿Cómo puedo utilizar esta información para modificar mi objetivo y conseguir lo que me he propuesto?». De esta manera lograrás convertir los fracasos en positivas experiencias de aprendizaje. Recuerda que no conseguir un objetivo puede convertirse en un paso adelante si se utiliza la información de forma apropiada. El mismo hecho de intentar cambiar, aunque no se consiga, suele abrir puertas que de lo contrario permanecerían cerradas. Y el fracaso, aprovechado con inteligencia, puede conducir al éxito.

La percepción de lo mucho que se aprende al alcanzar un objetivo es una poderosa herramienta para establecer y alcanzar nuevas metas. En primer lugar, como ya hemos mencionado, tienes que recompensarte cada vez que consigas lo que te habías propuesto. Te mereces esa recompensa, así que no te la saltes.

A continuación encontrarás otras pautas que deberías tener en cuenta a la hora de establecer nuevos objetivos para disminuir tu nivel de colesterol en sangre.

- Si la meta anterior no te supuso un gran esfuerzo, dificulta la meta siguiente.
- Si te ha llevado mucho tiempo conseguir tu objetivo y te has sentido descorazonado, facilita ligeramente el próximo.
- Si has aprendido algo que te permita modificar los objetivos aún pendientes, hazlo.

Los objetivos cambian a medida que pasa el tiempo, por lo que resulta recomendable introducir regularmente ciertas modificaciones que reflejen ese crecimiento personal. Si tus metas han dejado de resultarte atractivas, olvídate de ellas. El establecimiento de objetivos es un proceso que debería estar a tu servicio, y no controlarte. Además, tendría que proporcionarte placer, satisfacción y alegría por los logros alcanzados.

Resumen

La clave para recorrer con éxito las cinco etapas del cambio de comportamiento es el uso de las técnicas descritas en este capítulo. Algunos de estos procedimientos y estrategias incluyen pedir ayuda a amigos o profesionales (como un entrenador), superar barreras, prever las recaídas, pensar positivamente y utilizar el fracaso como una herramienta para plantear nuevos objetivos. Los principios expuestos en este capítulo deberían haberte ayudado a aprender recursos útiles para disminuir tu nivel de colesterol en sangre y desarrollar un programa de actividad física o ejercicio planificado. La mejor manera de mejorar tu salud consiste en desarrollar comportamientos asociados a un estilo de vida saludable, sin olvidar que los pequeños cambios son los primeros pasos hacia una modificación general del comportamiento y una vida mejor.

PLAN DE ACCIÓN

Establece una serie de objetivos para modificar tu perfil de colesterol

❖ Determina en qué etapa de disposición al cambio te encuentras, que puede oscilar entre simplemente comenzar a pensar en el tema y adoptar el hábito con solidez.

❖ Identifica las barreras a las que te enfrentas y desarrolla estrategias para evitarlas o superarlas.

❖ Plantéate objetivos tanto para tus planes de ejercicio y alimentación como para tu perfil de colesterol, asegurándote de que sean específicos, cuantificables, factibles, realistas y orientados a largo plazo.

❖ Aprovecha la información que obtengas para motivarte y determinar en qué momentos debes introducir cambios en tus objetivos o tu programa.

Crea tu programa de ejercicios

Sin lugar a dudas, podrás conseguir beneficios para tu salud y reducir el riesgo de desarrollar alguna cardiopatía si añades más actividad física a tu estilo de vida y desarrollas un programa de ejercitación planificada que apunte a mejorar tu estado físico. En este capítulo aprenderás conceptos que pueden resultarte muy valiosos a estos efectos, además de principios fundamentales para el desarrollo de un plan de ejercicio planificado. La correcta aplicación de esta información te permitirá crear un programa de actividad física o ejercicio programado que cumplirá con tus necesidades específicas y, además, te ayudará a conseguir beneficios para tu salud sin demandarte demasiado tiempo.

Desde el momento en que nos planteamos efectuar todos estos cambios de comportamiento, resulta perfectamente normal que nos surjan muchas preguntas sobre la actividad física y el ejercicio planificado. ¿Cuál es la mejor actividad o ejercicio? ¿Cómo podemos sacar el máximo provecho de nuestra actividad física diaria, o de nuestro plan de ejercicio planificado? ¿Cuánto deberían durar las sesiones de entrenamiento? Al desarrollar un programa de ejercicios, ¿deberías prestar atención tanto a la resistencia cardiovascular (*estado aeróbico*) como a la fuerza y resistencia muscular (*estado anaeróbico*)? Pero quizá la pregunta más importante que debemos formular es: ¿cuánta actividad física y ejercicio planificado diario necesitamos para provocar un cambio en los valores de lípidos y lipoproteínas en sangre? En este capítulo encontrarás respuesta a todas estas dudas.

Comenzaremos respondiendo a la última pregunta: ¿cuánta actividad física y ejercicio planificado diario se necesitan para alterar positivamente el perfil de lípidos y lipoproteínas en sangre? En términos generales, la literatura científica indica que el volumen total de actividad física y ejercicio planificado que se debe completar semanalmente es un consumo energético de entre 1.200 y 1.500 kcal, o 250 kcal diarias (aproximadamente entre 30 y 45 minutos de actividad física y ejercicio planificado).

Establecer objetivos a largo plazo

Partiendo de la información del capítulo anterior, deberías establecer un objetivo a largo plazo a fin de incorporar más actividad física y ejercicio planificado a tu rutina diaria en los próximos dos meses. Recuerda que el objetivo debe ser específico, cuantificable, factible y realista. Siguiendo esas pautas, puedes establecer una meta apropiada e incorporar más actividad física y ejercicio planificado diariamente a tu estilo de vida; sin embargo, antes de establecer tu primer objetivo tendrías que tomar conciencia de que existen numerosas formas de conseguirlo sin invertir en ello una cantidad de tiempo exagerada.

Como ya hemos explicado, para cambiar tus perfiles de lípidos y lipoproteínas tendrás que incrementar tu actividad física y ejercicio planificado diario a fin de conseguir un consumo energético aproximado de 250 kcal al día, o 45 minutos diarios de entrenamiento. Esto se traduce en alrededor de cuatro o cinco horas de actividad semanal. Pero no permitas que la idea de dedicar tanto tiempo a esta tarea te agobie, porque lo harás de forma gradual, trabajando menos de una o dos horas a la semana. Y sólo un año más tarde el tiempo dedicado a la preparación física llegará a las cuatro o cinco horas.

Tu objetivo general a largo plazo es incrementar tu programa diario de actividad física y ejercicio planificado, tal como formulamos a continuación:

Tu objetivo a largo plazo consiste en incrementar la cantidad de tiempo que dedicas a tu actividad física y ejercicio planificado diarios, planteándote alcanzar las cuatro o cinco horas a la semana en los doce próximos meses (en una proporción de 45 minutos al día), con un consumo energético de 250 kcal.

A continuación tendrías que proponerte nuevos objetivos a corto plazo que puedas modificar a fin de alcanzar esta meta a largo plazo, tal como explicaremos en la próxima sección.

Incorporar actividad física

Para modificar tus niveles de colesterol y lipoproteínas en sangre puedes practicar diversas actividades físicas, como caminar, jugar al aire libre con tus hijos o nietos, pasear al perro, cortar el césped, realizar actividades de ocio como la jardinería o la carpintería, y utilizar las escaleras de tu trabajo o tu domicilio en lugar del ascensor.

Desarrollar un estilo de vida activo significa encontrar tiempo para estas actividades, pero sin permitir que la disponibilidad horaria se convierta en una barrera. Incorporar más caminatas a la rutina diaria, por ejemplo, puede resultar bastante sencillo y no requiere demasiado tiempo adicional. Podrías aparcar el coche un poco más lejos del edificio en el que trabajas y recorrer a pie la distancia que te separa de tu oficina. O incluso caminar más durante tu horario de trabajo: el simple hecho de utilizar las escaleras en lugar del ascensor para trasladarte de una planta a otra mejorará tu actividad física diaria. Otra consideración que debes tener en cuenta es si tu actividad laboral te obliga a desplazarte entre varios edificios. Yo, por ejemplo, trabajo en una gran universidad urbana que cuenta con un campus de importantes dimensiones. Cada día suelo tener reuniones en edificios situados en diferentes zonas del campus, y siempre me desplazo hasta allí andando. El simple hecho de trasladarme de un edificio a otro y regresar me obliga a caminar aproximadamente un kilómetro y medio o más. Aumentar el tiempo dedicado a andar es una sencilla forma de incorporar más actividad física a la rutina diaria. Imagino que ahora te preguntarás si estos breves períodos de caminata aportan beneficios para la salud. ¡Claro que sí! Algunas de estas rutinas parecen insignificantes, pero cuando las unes a todas las demás suman una considerable cantidad de actividad física que aporta importantes beneficios para la salud.

Otro método con el que puedes aumentar tu actividad física diaria es la participación en pasatiempos o actividades que te resulten agradables, como pasear al perro, trabajar en tu patio o jardín o realizar labores de carpintería. ¿Pasear al perro es realmente beneficioso para ti? La respuesta es sí, y caminar también es bueno para el perro. ¿Y cortar el césped y trabajar en el jardín? Una vez más, la respuesta es afirmativa en ambos casos, aunque si únicamente te limitas a empujar el cortacésped o permaneces sentado mientras te ocupas del jardín no realizarás demasiada actividad física y los beneficios serán nulos. No olvides tampoco que la actividad física debe alcanzar cierto nivel de intensidad para resultar ventajosa para la salud. Como hemos explicado en el capítulo 3, la intensidad del ejercicio debe ser, al menos, moderada, por lo que se deduce que la actividad intensa puede aportar beneficios para la salud aún mayores.

Consideremos durante unos instantes el concepto de intensidad de la actividad. Los tres niveles son: suave, moderado y enérgico.

- La actividad física suave es cualquier actividad que canse más que el dormir pero que sea menos agotadora que una caminata a paso ligero.
- La actividad física moderada está representada por actividades como caminar a paso ligero, y se cuantifica como de tres a seis *equivalentes metabólicos* (MET) de trabajo. El equivalente metabólico es una unidad que mide el trabajo y la capacidad del organismo para consumir oxígeno. Un MET es igual a la cantidad de oxígeno consumido en reposo. Al realizar una actividad moderada, deberías poder caminar a un ritmo de entre 5 y 6,5 km por hora.
- La actividad física enérgica es cualquier actividad que requiera un trabajo físico superior a seis MET. Este tipo de actividad incluye trotar a un ritmo superior a 8 km por hora.

La participación regular en actividades físicas moderadas y enérgicas (como las explicadas en este capítulo) aporta importantes beneficios para la salud, como hemos explicado en el capítulo 3. Con esta información en mente, planteemos tu primer objetivo a corto plazo, que debería centrarse en el cambio de tus rutinas diarias con el fin de incrementar tu actividad física.

Tu primer objetivo a corto plazo es la modificación de tus hábitos de vida y la incorporación de más caminatas a tus actividades diarias durante las próximas dos semanas.

Puedes alcanzar este objetivo con suma facilidad simplemente aparcando tu coche a bastante distancia de tu lugar de trabajo y utilizando las escaleras en lugar del ascensor. Pero no te limites a ampliar tu actividad física únicamente en tu lugar de trabajo: también puedes acudir a sitios muy útiles a estos efectos, como los centros comerciales. Una vez allí deberías aparcar lejos de las entradas, y utilizar las escaleras para pasar de una planta a otra.

Planifica un programa de ejercicios

Aunque te hayas planteado el objetivo de incorporar actividad física a tu estilo de vida, deberías también crearte un programa de ejercicios programados para mejorar tu estado físico y cumplir con la meta a largo plazo de consumir 1.500 kcal a la semana. En el momento de planificar un programa de ejercicios deberías tener en cuenta los siguientes factores: tu estado cardiovascular, tu estado muscular, tu flexibilidad y tu composición corporal. Después de haberlos explicado, hablaremos de las partes que componen una sesión de ejercicios y de los cuatro principios más importantes a la hora de planificar un programa.

El estado cardiovascular, también conocido como estado aeróbico o capacidad aeróbica, se desarrolla practicando ejercicios que incrementan el funcionamiento del corazón, el sistema circulatorio, los pulmones y los músculos esqueléticos, todos al mismo tiempo. Cuando el estado cardiovascular es bueno, también lo es la capacidad aeróbica. Para conseguir la máxima efectividad, la preparación cardiovascular debería incluir ejercicios rítmicos y continuos en los que participen los grandes grupos musculares (principalmente localizados en la parte inferior del cuerpo). Caminar, trotar, montar en bicicleta, practicar danza aeróbica y subir escaleras son ejemplos de ejercicios que utilizan grandes grupos musculares y pueden incrementar el funcionamiento cardíaco, el estado cardiovascular y la capacidad aeróbica. Las actividades que combinan movimientos efectuados tanto con la parte superior del cuerpo como con la inferior, como el esquí de fondo, el remo, el trote, la carrera y la natación, pueden mejorar todavía más la capacidad aeróbica.

El estado muscular, por su parte, mejora mediante un entrenamiento de resistencia. Aquí el objetivo del ejercicio es incrementar la fuerza además de la resistencia muscular y esquelética, razón por la cual los ejercicios empleados en este tipo de entrenamiento pueden centrarse en la fuerza, la resistencia o ambas. Si tu objetivo es mejorar la fuerza y el tamaño de tus músculos, deberías levantar un peso varias veces consecutivas (entre 6 y 8). Estos movimientos reiterados reciben el nombre de repeticiones, y tienen que ser llevados a cabo hasta el punto de que la fatiga impida seguir adelante. Por otro lado, si tu meta es incrementar tu resistencia muscular, tendrías que levantar un peso entre 12 y 15 veces antes de fatigarte.

Has de tener en cuenta dos factores. El primero es que, a menos que practiques los ejercicios de fuerza y resistencia muscular, perderás hasta 250 g de músculo por cada año de vida a partir de los veinticinco. El segundo es que el músculo es un tejido sumamente activo y de grandes exigencias energéticas. Aunque estés dormido, tus músculos son responsables de más del 25 por 100 del consumo de kilocalorías que lleva a cabo tu organismo. Un incremento en el tejido muscular provoca un correspondiente aumento del número de kilocalorías consumidas, incluso en estado de reposo.

La flexibilidad es la capacidad de los músculos para activar las articulaciones en su radio de movimiento completo, y se trata de un elemento crítico que suele ser menospreciado en los programas de ejercicios. Ser capaz de alcanzar el radio completo de una articulación puede mejorar el rendimiento físico, disminuir el riesgo de lesión, incrementar el flujo sanguíneo en esa articulación en particular, mejorar el equilibrio, reducir el riesgo de sufrir dolor —como por ejemplo el que afecta al tercio inferior de la espalda— y atenuar el estrés muscular.

La composición corporal también es un componente del estado físico y se refiere a los dos tejidos básicos del cuerpo: la masa magra (músculo, hueso, tejidos vitales y órganos) y la masa grasa. La proporción óptima de grasa en relación con la masa magra suele tomarse como indicador del estado físico, por lo cual conviene recordar que con la cantidad idónea de ejercicios apropiados es posible disminuir la grasa corporal mientras se incrementa la masa muscular.

Las sesiones de ejercicio

Una sesión de ejercicio planificado cuenta con tres componentes básicos: el calentamiento, la preparación cardiovascular y la porción de preparación muscular, y el enfriamiento. Cada uno de ellos varía en extensión, dependiendo de cuáles sean los objetivos a alcanzar. En esta sección explicaremos el calentamiento y el enfriamiento, y más adelante, todavía en este mismo capítulo, analizaremos en profundidad la porción de preparación cardiovascular y muscular.

El calentamiento es la primera parte de la sesión de ejercicios, y resulta sumamente importante porque incrementa la temperatura corporal. Un error común que comete mucha gente que acaba de comenzar un programa de ejercicios es estirar de forma exagerada o llevar a cabo demasiados ejercicios de radio de movimiento antes de que los músculos hayan entrado debidamente en calor. Nunca estires un músculo frío: es preferible que calientes el cuerpo en general realizando suaves ejercicios aeróbicos. El mejor momento para estirar los músculos es cuando ya han entrado en calor. Y una buena forma de calentar el cuerpo consiste en llevar a cabo la misma actividad que practicarás durante la porción de preparación cardiovascular de la sesión, pero a una intensidad mucho menor. Dicho ejercicio de calentamiento puede ser una tranquila caminata o una actividad ejecutada a menos del 40 por 100 del ritmo cardíaco máximo (RCM) del individuo. El calentamiento debería durar entre cinco y diez minutos. Una vez finalizados los ejercicios pertinentes, la musculatura ya se encontrará en condiciones de trabajar y, por consiguiente, se evitarán las lesiones.

La porción de enfriamiento de una sesión de ejercicios se asemeja al calentamiento en que debería durar entre cinco y diez minutos y ser llevada a cabo a baja intensidad (40 a 50 por 100 de RCM). Una vez finalizada la porción de preparación cardiovascular y muscular, comienza la porción del enfriamiento. Y esta parte del entrenamiento resulta extremadamente importante, ya que es la actividad que más beneficios reporta en lo que a flexibilidad y radio de movimiento se refiere. Con una mayor flexibilidad, los niveles de rendimiento del individuo suelen ser superiores, y menor su riesgo de sufrir una lesión. Más adelante, en este mismo capítulo, describiremos e ilustraremos algunos eficaces ejercicios de flexibilidad.

Los ejercicios de radio de movimiento y flexibilidad deben ser ejecutados, preferiblemente, mediante movimientos lentos. Y con esto nos referimos a que, cuando se alcanza el punto más distante del movimiento, es necesario mantener la posición durante seis a ocho segundos. Este procedimiento recibe el nombre de estiramiento estático, y se diferencia del estiramiento balístico (que parte de la misma posición de estiramiento) en que el movimiento es ejecutado a mayor velocidad y no hace falta mantener la posición una vez alcanzado el punto más distante. El movimiento, por consiguiente, se parece a un rebote; y dado que esta forma de estiramiento puede causar desgarros en el tejido muscular y otros daños tisulares, no se recomienda su práctica.

Siempre que puedas, incorpora dos ejercicios al enfriamiento: flexiones y abdominales. No se trata de ejercicios de flexibilidad —sino de fuerza y resistencia—, pero llevan poco tiempo y pueden ser ejecutados sin gastos añadidos. Las flexiones incrementan el tono muscular de las extremidades superiores, incluyendo los músculos pectorales, deltoides, bíceps y tríceps. Los abdominales incrementan el tono de los músculos de la zona abdominal, en particular los rectos abdominales y los oblicuos externos.

Principios de la ejercitación

Independientemente de tu interés personal por la preparación cardiovascular o el entrenamiento muscular, los siguientes principios te enseñarán cuatro claves fundamentales que te permitirán seleccionar el ejercicio más adecuado para cada uno de los componentes básicos de la preparación física.

- *Sobrecarga*. Este principio implica que debes trabajar a un nivel entre moderado e intenso durante un lapso de tiempo que te permita sobrecargar tu cuerpo más allá de su nivel de descanso, y así mejorar su estado.
- *Progresión*. Este principio significa que cuando comiences un programa de ejercicios es preferible que lo hagas a un nivel bajo de intensidad, frecuencia y duración, y que avances lentamente durante las siguientes semanas o meses para elevar la intensidad, la duración y la frecuencia de la ejercitación.
- *Especificidad*. El entrenamiento es específico, y este principio significa que debes seleccionar un tipo de actividad que te ayude a cumplir con tu objetivo a largo plazo. Por ejemplo, puesto que una de tus metas es reducir tus niveles de colesterol en sangre, y la mejor manera de alterar positivamente dichos valores consiste en elegir actividades que mejoren tu estado cardiovascular, tienes que optar entre acciones como caminar, correr o montar en bicicleta. Un programa de ejercicios centrado principalmente en la preparación muscular no es la mejor opción para mejorar el perfil de lípidos y lipoproteínas en sangre.
- *Reversibilidad*. No puedes «acumular» estado cardiovascular. Una vez que has alcanzado un nivel deseable, necesitarás al menos dos o tres sesiones de ejercitación a la semana para poder mantenerlo.

Programa de ejercicios cardiovasculares

La frecuencia, duración e intensidad de tu entrenamiento, así como el tipo de ejercicios que has de practicar, dependerán de tus objetivos y de lo que intentes lograr a través del programa. Tus objetivos, estado físico actual, edad, salud e interés, además de la conveniencia, son algunos de los factores que deberías considerar cuando desarrolles tu programa personal de ejercicios. Si tu objetivo es mejorar tu estado cardiovascular y conseguir un perfil más favorable de colesterol y lipoproteínas, cuatro principios fundamentales te ayudarán a conseguirlo. Para lograr la máxima efectividad y seguridad posibles en la preparación cardiovascular, la pauta del entrenamiento debe considerar la frecuencia, la intensidad, la duración y el tipo (modo) de ejercicio.

Frecuencia

Cuando comiences un programa deberías pensar en entrenar al menos tres días a la semana, y a medida que mejore tu estado cardiovascular, pasar a cuatro, cinco o más sesiones semanales. Esta progresión en la frecuencia del ejercicio es coherente con las recomendaciones especificadas para el mejoramiento del estado cardiovascular (DHHS, 1996). Para progresar y mantener el estado muscular, deberías llevar a cabo un entrenamiento de resistencia una o dos veces a la semana.

Intensidad

La intensidad del ejercicio se refiere al ritmo al que caminas, trotas, pedaleas en bicicleta o nadas. Dos indicadores de la intensidad del ejercicio son el ritmo cardíaco y la percepción del ritmo de trabajo. De todas formas, primero tienes que determinar tu ritmo cardíaco máximo.

Cómo determinar el ritmo cardíaco máximo

El ritmo cardíaco máximo (RCM) es el ritmo más intenso al que tu corazón puede contraerse. Cuando desarrolles tu plan de ejercicios, básate en tu RCM para determinar la intensidad del entrenamiento. En general existen dos formas de establecer el RCM. El primer método es más complicado y consiste en completar una prueba de ejercicio máximo. Pero tú puedes recurrir a una forma más sencilla, que se basa en la predicción del ritmo cardíaco máximo mediante una fórmula.

Analicemos el siguiente ejemplo, en el que la edad de la persona es de 50 años.

$$\text{RCM previsto} = 220 - \text{edad}$$
$$\text{RCM} = 220 - 50$$
$$\text{RCM} = 170$$

Cómo cuantificar el ritmo cardíaco

La zona de ritmo cardíaco durante el entrenamiento es un elemento crítico a la hora de determinar la intensidad del ejercicio. Una de las formas básicas de cuantificar la intensidad a la que se está trabajando consiste en tomar el pulso y determinar el ritmo cardíaco durante una sesión de ejercicios. Existen distintas formas de medir la intensidad del ejercicio, pero, como ya hemos mencionado, el ritmo cardíaco está considerado un buen parámetro para cuantificar la intensidad de la práctica de actividades aeróbicas como correr, nadar o montar en bicicleta, entre otras. El ritmo cardíaco que deberías mantener recibe el nombre de ritmo cardíaco objetivo. Y uno de los métodos más simples para determinarlo consiste en predecir el ritmo cardíaco máximo, como hemos hecho en la sección anterior. Multiplica entonces el RCM previsto por la intensidad (como número decimal) a la que deseas entrenar.

Al principio de este capítulo hemos definido los conceptos de actividad física moderada y enérgica, que resulta clave para mejorar el estado aeróbico, según la ACSM. Si eres principiante, deberías comenzar tu programa a intensidad moderada, como al 40 o 50 por 100 de tu RCM, y después de varias semanas o meses incorporar ejercicios intensos (60 a 70 por 100 de tu RCM). Si comienzas tu programa de ejercicios planificados a una intensidad moderada del 40 por 100, con el paso del tiempo puedes pasar a ejercicios más intensos que supongan el 70 o incluso el 80 por 100 (ACSM, 2005).

En el siguiente ejemplo comprobarás cómo se determina el ritmo cardíaco, partiendo de una edad de 50 años y el 70 por 100 de la RCM como parámetro de intensidad:

Ritmo cardíaco objetivo durante la ejercitación = (220 − edad) x 70%
Ritmo cardíaco objetivo durante la ejercitación = (220 − 50) x 0,70
Ritmo cardíaco objetivo durante la ejercitación = (170) x 0,70
Ritmo cardíaco objetivo durante la ejercitación = 119

Existen otros métodos para calcular tu ritmo cardíaco objetivo, que consideran las diferencias individuales en el ritmo cardíaco en reposo. Encontrarás estos cálculos en la tabla 5.1.

Para determinar tu ritmo cardíaco en reposo necesitarás un reloj digital o dotado de segundero. Después de permanecer sentado tranquilamente durante cinco minutos, cuenta tu ritmo cardíaco durante diez segundos y mul-

Tabla 5.1 Ritmo cardíaco objetivo para diferentes edades

Intensidad (porcentaje)	Edad			
	40	**50**	**60**	**70**
50	90	85	80	75
60	108	100	96	90
70	126	119	112	105
80	144	136	128	120

tiplica la cifra por seis para obtener el ritmo por minuto. Debes contar las pulsaciones palpando la arteria radial. Con la palma de tu mano izquierda vuelta hacia arriba, apoya los dedos índice y medio de la mano derecha so-

bre la arteria que se encuentra próxima a la superficie, cerca de los tendones, en la muñeca izquierda (véase figura 5.1). Repite el mismo procedimiento inmediatamente después de practicar algún ejercicio y obtendrás tu ritmo cardíaco en actividad.

Otro de los métodos que permiten cuantificar las pulsaciones por minuto requiere de un monitor de ritmo cardíaco que se coloca alrededor del pecho y resulta mucho más preciso. El dispositivo proporciona la información sobre un reloj digital que determina exactamente el ritmo cardíaco en cualquier momento del entrenamiento o en períodos de reposo.

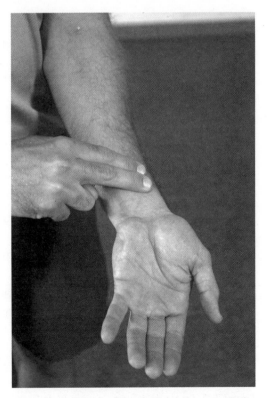

Figura 5.1 Determina tu ritmo cardíaco tomándote el pulso en la muñeca.

Medición de la percepción del ritmo de trabajo

La escala de esfuerzo percibido de Borg (RPE) fue creada para que las personas pudieran reconocer su nivel de esfuerzo y fueran capaces de determinar cómo se sentían durante la ejercitación. El trabajo físico más exigente produce niveles superiores de consumo energético, y el estrés fisiológico se traduce en mediciones de RPE más altas. Mientras te encuentras en reposo, por ejemplo, tu esfuerzo debería ser clasificado como muy, muy ligero, en un 6 o 7 de la escala que aparece en la figura 5.2. Esta cifra también se relaciona con el ritmo cardíaco. Un RPE de 13 o 14 se corresponde con un ritmo cardíaco de 130 o 140 y es percibido como medianamente enérgico. Deberías aprender a juzgar cómo se siente tu cuerpo cuando practicas ejercicio físico, y plantearte el objetivo de alcanzar un RPE de 13 o 14 —bastante intenso—, para que tu entrenamiento alcance una intensidad moderada. Pero lo más importante es que estarás aprendiendo a escuchar la respuesta de tu organismo frente al ejercicio.

6	Ningún esfuerzo
7	
8	Extremadamente ligero
9	Muy ligero
10	
11	Ligero
12	
13	Medianamente intenso
14	
15	Intenso (fuerte)
16	
17	Muy intenso
18	
19	Extremadamente fuerte
20	Esfuerzo máximo

RPE de Borg
© Gunnar Borg, 1970, 1985, 1994, 1998

Figura 5.2 Escala de esfuerzo percibido de Borg

G. Borg (1998): *Borg's perceived exertion and pain scales,* Champaign, IL: Human Kinetics, 47.

Duración

La duración del ejercicio alude a la cantidad de tiempo requerida para completar una sesión de entrenamiento, que inicialmente debería oscilar entre 15 y 20 minutos. Con el paso de varios meses la duración podría extenderse a 30, 40 o más minutos por sesión, aunque sin olvidar que este período no incluye las porciones de calentamiento y enfriamiento, que a su vez deberían prolongarse durante 10 a 20 minutos cada una. Otra consideración que debes tener en cuenta cuando desarrolles tu programa de ejercicios es la posibilidad de dividir el ejercicio aeróbico en varias sesiones. Por ejemplo, puedes completar dos sesiones de 15 minutos cada una en diferentes momentos del día, para conseguir un total de 30 minutos de ejercicio aeróbico. Como ya hemos mencionado, ha quedado demostrado que dividir media hora de ejercicio a lo largo del día resulta tan eficaz como realizar una única sesión de 30 minutos (Donnelly *et al.*, 2000). Observa que para conseguir los mayores cambios positivos en tu perfil de lípidos en sangre tienes que intentar completar sesiones más prolongadas de ejercicio de resistencia.

Tipo

El tipo es el modo de ejercicio que eliges. Para mejorar tu estado cardiovascular o aeróbico dispones de diferentes modos de ejercicio entre los cuales escoger, como caminar, nadar o montar en bicicleta. Quizá hayas oído

Kilocalorías: cuantificación del consumo energético

Las kilocalorías son unidades de energía. Una kilocaloría, equivalente a 1.000 calorías, se utiliza para definir el valor energético de los alimentos y el consumo de energía. Las kilocalorías suelen ser utilizadas como una herramienta para comprender la cantidad de alimentos que debemos consumir, pero también podemos valernos de ella para determinar con qué intensidad nos estamos ejercitando físicamente. Por ejemplo, una persona que recorre 1,6 km en ocho minutos y pesa 68 kilos puede consumir una cantidad de energía de 426 kcal en 30 minutos. En la tabla 5.2 encontrarás una relación de ejercicios y las kilocalorías que consumen. La información de la siguiente tabla está clasificada por tipo de ejercicio, tiempo dedicado a la ejercitación y peso corporal.

Tabla 5.2 Consumo energético en kilocalorías para determinadas actividades

Peso (kilos)	Duración sesión de ejercicio (minutos)	Caminar			Trotar			Nadar	Montar en bicicleta	
		3,2 km/h	4,8 km/h	6,4 km/h	12 min. por 1,6 km	10 min. por 1,6 km	8 min. por 1,6 km	Brazada lenta	8,8 km/h	15 km/h
47,6	15	36	54	69	87	126	147	90	45	72
	30	72	108	138	174	252	294	180	90	144
	45	108	162	207	261	378	441	270	135	216
56,6	15	45	63	81	105	146	179	108	54	84
	30	90	126	162	210	291	357	216	108	168
	45	135	189	243	315	437	536	324	162	252
68	15	54	75	99	126	180	213	131	66	102
	30	108	150	198	252	360	426	261	132	204
	45	162	225	297	378	540	639	392	198	306
79,3	15	63	89	117	150	214,5	247,5	153	77	120
	30	126	177	234	300	429	495	306	153	240
	45	189	266	351	450	644	743	459	230	360
90,7	15	72	102	132	171	250,5	283,5	177	88,5	138
	30	144	204	264	342	501	567	354	177	276
	45	216	306	396	513	751,5	850,5	531	265.5	414
102	15	81	112,5	145,5	192	267	309	193,5	97,5	150
	30	162	225	291	384	534	618	387	195	300
	45	243	337,5	436,5	576	801	927	580,5	292,5	450

decir que existe un tipo de ejercicio para cada persona. Y es cierto: cada cual cuenta con un tipo de ejercicio que le conviene más, porque lo disfruta y continuará disfrutando de él durante toda su vida. De todas maneras, ten en cuenta que cualquiera que sea el modo que escojas, tendrás que cuantificar la cantidad de energía que estés quemando durante tu actividad. Utiliza la tabla de la página anterior para determinar dicho consumo calórico.

Establecer objetivos a corto plazo relacionados con la preparación cardiovascular

Para conseguir un estado cardiovascular óptimo, la ACSM recomienda una frecuencia de ejercicio de tres a cinco sesiones semanales o más (ACSM, 2005). Como regla general para cualquier principiante, deberías espaciar tus sesiones de ejercicio a lo largo de la semana en días no consecutivos, con el fin de disponer de tiempo suficiente para recuperarte. A medida que mejore tu estado cardiovascular podrás ejercitarte en días consecutivos, pero incluso después de haber practicado algún ejercicio físico durante varios meses, evita realizar sesiones intensas en días consecutivos. Tu cuerpo necesita tiempo para recuperarse, y cuando entrenes cinco o más días a la semana deberías programarte jornadas más suaves entre las de mayor intensidad.

La ACSM también recomienda que el ejercicio alcance una intensidad entre moderada y enérgica. Los principiantes, lógicamente, tendrán que comenzar un programa a una intensidad de ejercicio moderada, como por ejemplo entre el 40 o 50 por 100 de su RCM, y después de varias semanas o meses incrementar lentamente esos parámetros hasta alcanzar el 60 o 70 por 100 de su RCM.

La duración debería enmarcarse entre los 20 y los 60 minutos. Los principiantes tienen que establecer la duración de su entrenamiento en 20 minutos, y después de varios meses incrementarla hasta 30 y luego 40 minutos o más (la tabla 5.3 incluye un programa completo de ejercicios para principiantes). Para programar una sesión óptima de ejercicios que cambie positivamente tu perfil de lípidos y lipoproteínas en sangre, cuanto mayor sea el volumen de ejercicio, mejores resultados conseguirás. Después de trabajar en tu plan de entrenamiento planificado durante varios meses, sería conveniente que prolongases la duración de las sesiones a 45 minutos o más (la tabla 5.4 incluye un programa de ejercicios para individuos que ya llevan bastante tiempo practicando ejercicio físico).

Tu primer objetivo a corto plazo en cuanto al desarrollo de un programa de ejercicios es cumplir con tres sesiones de ejercicio planificado a la semana durante las próximas tres semanas, y luego pasar a cuatro sesiones semanales.

Tabla 5.3 Ejemplo de programa de ejercicios para principiantes

Semana	Domingo	Lunes	Martes	Miércoles	Jueves	Viernes	Sábado
1	Caminata de 1,6 km*, estiramiento	Entrenamiento de resistencia (tercio inferior del cuerpo): 5 ejercicios, 1 serie por ejercicio, 8-12 RM**	Caminata de 1,6 km, estiramiento	Descanso	Entrenamiento de resistencia (tercio superior del cuerpo): 5 ejercicios, 1 serie por ejercicio, 8-12 RM	Descanso	Caminata de 1,6 km, estiramiento
2	Descanso	Caminata de 1,6 km, estiramiento	Descanso	Entrenamiento de resistencia (tercio inferior del cuerpo): 5 ejercicios, 1 serie por ejercicio, 8-12 RM	Caminata de 1,6 km, estiramiento	Caminata de 1,6 km, estiramiento	Entrenamiento de resistencia (tercio superior del cuerpo): 5 ejercicios, 1 serie por ejercicio, 8-12 RM
3	Caminata de 1,6 km, estiramiento	Descanso	Entrenamiento de resistencia (tercio inferior del cuerpo): 5 ejercicios, 1 serie por ejercicio, 8-12 RM	Caminata de 1,6 km, estiramiento	Descanso	Entrenamiento de resistencia (tercio superior del cuerpo): 5 ejercicios, 1 serie por ejercicio, 8-12 RM	Caminata de 1,6 km, estiramiento
4	Descanso	Caminata de 3 km, estiramiento	Descanso	Entrenamiento de resistencia (tercio inferior del cuerpo): 5 ejercicios, 1 serie por ejercicio, 8-12 RM	Caminata de 3 km, estiramiento	Entrenamiento de resistencia (tercio superior del cuerpo): 5 ejercicios, 1 serie por ejercicio, 8-12 RM	Caminata de 1,6 km, estiramiento
5	Caminata de 3 km, estiramiento	Descanso	Cualquier otra actividad***	Entrenamiento de resistencia (tercio inferior del cuerpo): 5 ejercicios, 1 serie por ejercicio, 8-12 RM	Descanso	Caminata de 3 km, estiramiento	Entrenamiento de resistencia (tercio superior del cuerpo): 5 ejercicios, 1 serie por ejercicio, 8-12 RM

Tabla 5.3 (Continuación)

Semana	Domingo	Lunes	Martes	Miércoles	Jueves	Viernes	Sábado
6	Descanso	Caminata de 3 km, estiramiento	Caminata de 4,8 km, estiramiento	Entrenamiento de resistencia (tercio inferior del cuerpo): 5 ejercicios, 1 serie por ejercicio, 8-12 RM	Descanso	Caminata de 3 km, estiramiento	Entrenamiento de resistencia (tercio superior del cuerpo): 5 ejercicios, 1 serie por ejercicio, 8-12 RM
7	Caminata de 4,8 km, estiramiento	Caminata de 3 km, estiramiento	Descanso	Entrenamiento de resistencia (tercio superior del cuerpo): 5 ejercicios, 1 serie por ejercicio, 8-12 RM	Caminata de 1,6 km, estiramiento	Entrenamiento de resistencia (tercio inferior del cuerpo): 5 ejercicios, 1 serie por ejercicio, 8-12 RM	Descanso
8	Cualquier otra actividad	Caminata de 3 km, estiramiento	Entrenamiento de resistencia (tercio superior del cuerpo): 5 ejercicios, 1 serie por ejercicio, 8-12 RM	Descanso	Entrenamiento de resistencia (tercio inferior del cuerpo): 5 ejercicios, 1 serie por ejercicio, 8-12 RM	Caminata de 1,6 km, estiramiento	Descanso
9	Caminata de 4,8 km, estiramiento	Caminata de 3 km, estiramiento	Entrenamiento de resistencia (tercio superior del cuerpo): 5 ejercicios, 1 serie por ejercicio, 8-12 RM	Cualquier otra actividad	Descanso	Entrenamiento de resistencia (tercio inferior del cuerpo): 5 ejercicios, 1 serie por ejercicio, 8-12 RM	Descanso
10	Cualquier otra actividad	Caminata de 3 km, estiramiento	Descanso	Caminata de 4,8 km, estiramiento	Entrenamiento de resistencia (tercio superior del cuerpo): 5 ejercicios, 1 serie por ejercicio, 8-12 RM	Descanso	Entrenamiento de resistencia (tercio inferior del cuerpo): 5 ejercicios, 1 serie por ejercicio, 8-12 RM

Tabla 5.3 (Continuación)

Semana	Domingo	Lunes	Martes	Miércoles	Jueves	Viernes	Sábado
11	Caminata de 4,8 km, estiramiento	Entrenamiento de resistencia (tercio superior del cuerpo): 5 ejercicios, 1 serie por ejercicio, 8-12 RM	Caminata de 3 km, estiramiento	Descanso	Entrenamiento de resistencia (tercio inferior del cuerpo): 5 ejercicios, 1 serie por ejercicio, 8-12 RM	Descanso	Cualquier otra actividad
12	Caminata de 4,8 km, estiramiento	Descanso	Entrenamiento de resistencia (tercio superior del cuerpo): 5 ejercicios, 1 serie por ejercicio, 8-12 RM	Cualquier otra actividad	Descanso	Caminata de 6,4 km, estiramiento	Entrenamiento de resistencia (tercio inferior del cuerpo): 5 ejercicios, 1 serie por ejercicio, 8-12 RM

Incluye información de Feigenbaum, Matthew S.: «Exercise Prescription for Healthy Adults», en *Resistance Training for Health and Rehabilitation,* pág. 107, editado por James E. Graves y Barry A. Franklin, Human Kinetics, 2001.

* Las velocidades apropiadas consisten en caminar entre 1,5 y 3 km/h o trotar a un ritmo de 12 minutos por trayecto de 1,6 km.
** 8 a 12 RM (repeticiones máximas) = la máxima cantidad de peso que se puede levantar en 8 a 12 repeticiones.
*** Otras actividades incluyen ciclismo o natación.

Ejercicios para el tercio superior del cuerpo
1. Abdominales o rotación de torso
2. Bíceps (con o sin máquina)
3. Extensiones o press de tríceps
4. Press pectoral o mariposas
5. Aducción de hombro para el músculo dorsal ancho, remo sentado, dominadas o encogimiento de hombros

Ejercicios para el tercio inferior del cuerpo
1. Flexión de piernas en posición de sentado o tumbado
2. Extensiones de piernas
3. Press de piernas o sentadillas «hack» (de puntillas, tocándose los talones)
4. Zancada (lunge) o step-up
5. Extensiones de espalda (en plataforma o máquina)

Nota: Estos ejercicios componen un plan completo de ejercitación. Esta prescripción se basa en las pautas de la ACSM para aportar máximos beneficios al estado muscular.
El objetivo de este plan de entrenamiento no es mejorar la masa muscular, sino aportar un programa de ejercicios completo que incremente la fuerza y la resistencia de los músculos. Para conseguir esta meta, se recomienda efectuar un bajo número de series combinadas con un número elevado de repeticiones por serie con poco peso.

Tabla 5.4 Ejemplo de programa de ejercicios para entrenamiento de nivel intermedio

Semana	Domingo	Lunes	Martes	Miércoles	Jueves	Viernes	Sábado
1	Caminata de 8 km*, estiramiento	Descanso	Entrenamiento de resistencia (tercio superior del cuerpo): 5 ejercicios, 1 serie por ejercicio, 8-12 RM**. Caminata de 1,6 km	Cualquier otra actividad***	Descanso	Caminata de 8 km, estiramiento	Entrenamiento de resistencia (tercio inferior del cuerpo): 5 ejercicios, 1 serie por ejercicio, 8-12 RM. Caminata de 1,6 km
2	Caminata de 4,8 km, estiramiento	Entrenamiento de resistencia (tercio superior del cuerpo): 5 ejercicios, 1 serie por ejercicio, 8-12 RM. Caminata de 1,6 km	Caminata de 4,8 km, estiramiento	Descanso	Entrenamiento de resistencia (tercio inferior del cuerpo): 5 ejercicios, 1 serie por ejercicio, 8-12 RM. Caminata de 1,6 km	Descanso	Caminata de 4,8 km, estiramiento
3	Descanso	Caminata de 4,8 km, estiramiento	Descanso	Entrenamiento de resistencia (tercio superior del cuerpo): 5 ejercicios, 1 serie por ejercicio, 8-12 RM. Caminata de 1,6 km	Caminata de 4,8 km, estiramiento	Caminata de 4,8 km, estiramiento	Entrenamiento de resistencia (tercio inferior del cuerpo): 5 ejercicios, 1 serie por ejercicio, 8-12 RM. Caminata de 1,6 km
4	Caminata de 3 km, estiramiento	Descanso	Entrenamiento de resistencia (tercio superior del cuerpo): 5 ejercicios, 1 serie por ejercicio, 8-12 RM. Caminata de 1,6 km	Caminata de 4,8 km, estiramiento	Descanso	Entrenamiento de resistencia (tercio inferior del cuerpo): 5 ejercicios, 1 serie por ejercicio, 8-12 RM. Caminata de 1,6 km	Caminata de 4,8 km, estiramiento
5	Descanso	Caminata de 8 km, estiramiento	Descanso	Entrenamiento de resistencia (tercio superior del cuerpo): 5 ejercicios, 1 serie por ejercicio, 8-12 RM. Caminata de 1,6 km	Caminata de 6,4 km	Entrenamiento de resistencia (tercio inferior del cuerpo): 5 ejercicios, 1 serie por ejercicio, 8-12 RM. Caminata de 1,6 km	Caminata de 4,8 km, estiramiento

Tabla 5.4 (Continuación)

Semana	Domingo	Lunes	Martes	Miércoles	Jueves	Viernes	Sábado
6	Caminata de 8 km, estiramiento	Descanso	Cualquier otra actividad	Entrenamiento de resistencia (tercio superior del cuerpo): 5 ejercicios, 1 serie por ejercicio, 8-12 RM. Caminata de 1,6 km	Descanso	Caminata de 8 km, estiramiento	Entrenamiento de resistencia (tercio superior del cuerpo): 5 ejercicios, 1 serie por ejercicio, 8-12 RM. Caminata de 1,6 km
7	Descanso	Caminata de 4,8 km, estiramiento	Caminata de 8 km, estiramiento	Entrenamiento de resistencia (tercio inferior del cuerpo): 5 ejercicios, 1 serie por ejercicio, 8-12 RM. Caminata de 1,6 km	Descanso	Caminata de 8 km, estiramiento	Entrenamiento de resistencia (tercio superior del cuerpo): 5 ejercicios, 1 serie por ejercicio, 8-12 RM. Caminata de 1,6 km
8	Caminata de 8 km, estiramiento	Caminata de 8 km, estiramiento	Descanso	Entrenamiento de resistencia (tercio inferior del cuerpo): 5 ejercicios, 1 serie por ejercicio, 8-12 RM. Caminata de 1,6 km	Caminata de 4,8 km, estiramiento	Entrenamiento de resistencia (tercio superior del cuerpo): 5 ejercicios, 1 serie por ejercicio, 8-12 RM. Caminata de 1,6 km	Descanso
9	Cualquier otra actividad	Caminata de 8 km, estiramiento	Entrenamiento de resistencia (tercio inferior del cuerpo): 5 ejercicios, 1 serie por ejercicio, 8-12 RM. Caminata de 1,6 km	Descanso	Entrenamiento de resistencia (tercio superior del cuerpo): 5 ejercicios, 1 serie por ejercicio, 8-12 RM. Caminata de 1,6 km	Caminata de 4,8 km, estiramiento	Descanso
10	Caminata de 8 km, estiramiento	Caminata de 8 km, estiramiento	Entrenamiento de resistencia (tercio inferior del cuerpo): 5 ejercicios, 1 serie por ejercicio, 8-12 RM. Caminata de 1,6 km	Cualquier otra actividad	Descanso	Entrenamiento de resistencia (tercio inferior del cuerpo): 5 ejercicios, 1 serie por ejercicio, 8-12 RM. Caminata de 1,6 km	Descanso

Tabla 5.4 (Continuación)

Semana	Domingo	Lunes	Martes	Miércoles	Jueves	Viernes	Sábado
11	Cualquier otra actividad	Caminata de 8 km, estiramiento	Descanso	Caminata de 6,4 km, estiramiento	Entrenamiento de resistencia (tercio inferior del cuerpo): 5 ejercicios, 1 serie por ejercicio, 8-12 RM. Caminata de 1,6 km	Descanso	Entrenamiento de resistencia (tercio inferior del cuerpo): 5 ejercicios, 1 serie por ejercicio, 8-12 RM. Caminata de 1,6 km
12	Caminata de 8 km, estiramiento	Entrenamiento de resistencia (tercio inferior del cuerpo): 5 ejercicios, 1 serie por ejercicio, 8-12 RM. Caminata de 1,6 km	Caminata de 8 km, estiramiento	Descanso	Entrenamiento de resistencia (tercio superior del cuerpo): 5 ejercicios, 1 serie por ejercicio, 8-12 RM. 15 minutos de ejercicio aeróbico	Descanso	Cualquier otra actividad

Incluye información de Feigenbaum, Matthew S.: «Exercise Prescription for Healthy Adults», en *Resistance Training for Health and Rehabilitation,* pág. 107, editado por James E. Graves y Barry A. Franklin, Human Kinetics, 2001.

* Las velocidades apropiadas consisten en caminar entre 1,5 y 3 km/h o trotar a un ritmo de 12 minutos por trayecto de 1,6 km.
** 8 a 12 RM (repeticiones máximas) = la máxima cantidad de peso que se puede levantar en 8 a 12 repeticiones.
*** Otras actividades incluyen ciclismo o natación.

Ejercicios para el tercio superior del cuerpo
1. Abdominales o rotación de torso
2. Bíceps (con o sin máquina)
3. Extensiones o press de tríceps
4. Press pectoral o mariposas
5. Aducción de hombro para el músculo dorsal ancho, remo sentado, dominadas o encogimiento de hombros

Ejercicios para el tercio inferior del cuerpo
1. Flexión de piernas en posición de sentado o tumbado
2. Extensiones de piernas
3. Press de piernas o sentadillas «hack» (de puntillas, tocándose los talones)
4. Zancada (lunge) o step-up
5. Extensiones de espalda (en plataforma o máquina)

Nota: Estos ejercicios componen un plan completo de ejercitación. Esta prescripción se basa en las pautas de la ACSM para aportar máximos beneficios al estado muscular.
El objetivo de este plan de entrenamiento no es mejorar la masa muscular, sino aportar un programa de ejercicios completo que incremente la fuerza y la resistencia de los músculos. Para conseguir esta meta, se recomienda efectuar un bajo número de series combinadas con un número elevado de repeticiones por serie con poco peso.

Programa de ejercicios de preparación muscular

Ya hemos comentado, al hablar de los objetivos y la planificación de un programa de ejercicios de preparación muscular, que mejorar el estado de los músculos aporta grandes beneficios para la salud, pero que su efecto general sobre el perfil del colesterol y las lipoproteínas no es tan grande como el asociado a un estado cardiovascular óptimo. Todos los principios de la ejercitación para la preparación cardiovascular antes mencionados también son aplicables al desarrollo muscular. Al comienzo de este capítulo hemos definido dos tipos diferentes de preparación muscular: la fuerza y la resistencia. Si tu objetivo en relación con tu estado muscular es el desarrollo de resistencia, tu entrenamiento tendrá que centrarse en completar un número más elevado de repeticiones (8 a 12, o incluso 15) en cada serie. Por el contrario, si tu objetivo es desarrollar la fuerza, tienes que realizar un menor número de repeticiones (de 6 a 8) en cada serie. Para optimizar tu perfil de colesterol y lipoproteínas en sangre deberías apuntar a mejorar tu estado muscular.

Existen infinidad de programas de entrenamiento de fuerza y teorías al respecto, gran parte de los cuales están dirigidos a fisicoculturistas y practicantes avanzados. Pero si tú estás empezando, no es extraño que te confundas con tanta terminología anatómica y jerga de gimnasio. Por eso te ofreceremos la base de una rutina de entrenamiento de fuerza eficaz y segura. Conocerás los principales grupos musculares y los ejercicios que los hacen trabajar mejor, la diferencia entre series y repeticiones, la forma adecuada de cada actividad y los conceptos básicos de frecuencia y progresión.

Circuitos, series y repeticiones

Un circuito es un grupo de ejercicios (en general entre 5 y 8) que trabajan diferentes grupos musculares. Completar un circuito significa hacer un ejercicio para cada uno de los principales grupos musculares del cuerpo. Una serie, por su parte, es un grupo de repeticiones sucesivas llevadas a cabo sin período de descanso; y las repeticiones son el número de veces que repites cada elevación en cada serie. Si tuvieras que realizar tres series de 12 flexiones de bíceps, deberías levantar el peso 12 veces seguidas para completar la primera serie. A continuación tendrías que apoyar el peso en el suelo, descansar unos instantes y volver a hacer 12 repeticiones más para completar la segunda serie. Por último, completarías la misma serie una tercera vez para poder finalizar las tres estipuladas. Si te estás entrenando con un amigo, tu intervalo de descanso entre una serie y la siguiente será la cantidad de tiempo que le lleve a tu compañero completar sus repeticiones. Este intervalo de descanso rara vez superará el minuto y medio. Y si entrenas a solas, el período de descanso debería durar entre 45 segundos y un minuto. Si bien algunos profesionales del deporte recomiendan lapsos más prolongados —basándose seguramente en un programa centrado en el desarrollo de la fuerza—, los períodos de descanso aquí sugeridos resultan más que acertados.

La forma adecuada

La forma adecuada se refiere a la velocidad y el movimiento en el marco del radio completo de movilidad. La velocidad de movimiento es un elemento fundamental de cada ejercicio. Un ritmo de entrenamiento razonable requiere entre 2 y 4 segundos tanto para la porción de elevación (concéntrica) como para la de descenso (excéntrica). Debes evitar los movimientos rápidos y bruscos, porque estresan indebidamente el músculo y el tejido conectivo e incrementan las probabilidades de sufrir una lesión. Levantar peso a gran velocidad también te hace creer que tu fuerza ha mejorado, cuando lo que sucede en realidad es que estás trabajando a partir del impulso del movimiento. En otras palabras, no es el músculo el que realiza el trabajo y, por consiguiente, los beneficios que puedas conseguir serán prácticamente nulos.

Otro importante aspecto de la forma adecuada es el movimiento dentro del marco del radio completo de movilidad. El movimiento de cada ejercicio debería abarcar el radio completo de movilidad de la articulación, y hacerlo de forma controlada. Si un peso resulta tan elevado que te obliga a moverte con brusquedad, rebotar o balancear la extremidad para alcanzar el punto más elevado del movimiento, quiere decir que estás levantando demasiado. Esta clase de movimientos compromete la forma y reduce las posibilidades de mejorar la fuerza y la resistencia muscular.

Frecuencia, duración, intensidad

Para conseguir una mejor resistencia muscular, la ACSM recomienda entrenar con peso dos días a la semana (frecuencia), realizar entre 1 y 3 series de 8 a 12 repeticiones cada una (duración) de un grupo de 8 a 10 ejercicios diferentes, y trabajar a aproximadamente del 70 al 85 por 100 de la *unidad de repeticiones máximas* o 1RM (intensidad). Puedes basarte en tu 1RM para determinar la cantidad de peso que debes levantar en cada ejercicio durante el entrenamiento de resistencia normal. A continuación encontrarás un ejemplo de cómo llevar a cabo este cálculo. Si el máximo peso que puedes levantar en una flexión de bíceps es 22,6 kg, y quieres entrenar al 70 por 100 de esa 1RM, deberías cambiar la cifra 70 por 0,70 y multiplicarla por tu 1RM de 22,6 kg:

$$0,70 \times 22,6 \text{ kg} = 15,8 \text{ kg}$$

Esta ecuación te permite calcular la cantidad de peso que puedes levantar en 6 a 12 repeticiones. Si eres incapaz de elevar dicho peso al menos 6 veces, redúcelo hasta que puedas levantarlo en 6 ocasiones o más. Y, por el contrario, si ejecutar 12 repeticiones con esa carga no te supone un gran esfuerzo, tendrías que aumentarla ligeramente.

Si estás comenzando un programa de ejercicios, debes partir del nivel más bajo de las recomendaciones anteriores. Por ejemplo, si participas en una actividad cardiovascular (es decir, caminatas, aerobismo, ciclismo) durante 20 minutos tres veces a la semana, incorpora un entrenamiento de fuerza a tu trabajo físico otros dos días. Prográmate un lapso de 48 horas de descanso entre los entrenamientos de fuerza para permitir que los músculos se recuperen después de cada sesión de ejercicios.

Cómo determinar el valor de 1RM

Para calcular tu 1RM, o la mayor cantidad de peso que puedes levantar en un intento, sigue el procedimiento que explicamos a continuación. Elige cualquier ejercicio típico que utilice mancuernas o una máquina (por ejemplo, una flexión de bíceps o un press de piernas). Realiza una repetición del ejercicio utilizando un peso que puedas levantar con facilidad. Descansa durante dos o tres minutos y luego incrementa el peso entre 2,3 y 4,6 kg. Levanta este nuevo peso, descansa, y repite el proceso hasta que consigas determinar cuál es el mayor peso que puedes levantar manteniendo la forma adecuada (ACSM, 2005).

Ejercicios específicos para los principales grupos musculares

Cuando selecciones ejercicios para tu rutina de preparación muscular, es importante que incluyas al menos uno para cada grupo muscular importante. De esta manera evitarás los desequilibrios musculares, que suelen acabar en lesión. A continuación analizaremos los principales grupos musculares y algunos de los ejercicios que puedes elegir para mejorar tu fuerza y resistencia. Encontrarás descripciones e ilustraciones de estos ejercicios más adelante, en este mismo capítulo.

- *Glúteos.* Este grupo de músculos incluye el glúteo máximo, que es el principal músculo de las nalgas. Los ejercicios más comunes son la sentadilla y el press de piernas.
- *Cuádriceps.* Este grupo de músculos se sitúa en la cara frontal del muslo. Los ejercicios incluyen sentadillas, zancadas, extensiones de pierna y press de pierna.
- *Tendones del hueco poplíteo.* Estos músculos componen la cara posterior del muslo. Los ejercicios incluyen sentadillas, zancadas y press y flexiones de pierna.
- *Abductores y aductores de cadera.* Se trata de los músculos de las caras interior y exterior del muslo. Es posible trabajarlos con una variedad de elevaciones laterales de pierna (tumbado en el suelo) y elevaciones de pierna en máquina (de pie), o bien con máquinas que incluyan múltiples movimientos de cadera.
- *Pantorrillas.* Los músculos de la pantorrilla, gastrocnemio y sóleo se encuentran en la cara posterior de la pierna (de la rodilla hacia abajo). Las elevaciones de pantorrilla en posición de pie o sentado, o con la rodilla flexionada, trabajan este grupo muscular.
- *Tercio inferior de la espalda.* Los músculos erectores espinales extienden la espalda y favorecen la buena postura. Los ejercicios incluyen extensiones de espalda y extensiones de espalda boca abajo.
- *Abdominales.* Estos músculos incluyen el abdominal recto y los oblicuos externos. Ejercicios como el encogimiento abdominal con rotación y las flexiones abdominales trabajan este grupo muscular.
- *Pectoral mayor.* Este músculo grande con forma de abanico se sitúa en la cara frontal de la parte superior del pecho. Los ejercicios incluyen flexiones, dominadas y press de banco.
- *Romboides.* Estos músculos se localizan en el centro de la zona superior de la espalda, entre los omóplatos. Es posible trabajarlos con do-

minadas, remo inclinado con mancuerna y otros movimientos que unan las escápulas.

- *Trapecio*. Estos músculos se localizan en la porción superior de la espalda, y se extienden desde el cuello hasta el hombro. Los ejercicios incluyen remo hacia arriba y encogimientos de hombros con resistencia.
- *Músculo dorsal ancho*. Se trata de una musculatura de gran tamaño que se encuentra a mitad de la espalda. Los ejercicios que los trabajan incluyen dominadas, remo inclinado con un brazo, pectorales en paralelas y aducción de hombro.
- *Deltoides*. Estos músculos se sitúan en la parte superior del hombro. Las elevaciones frontales, laterales de pie y hacia atrás con mancuerna trabajan esta musculatura.
- *Bíceps*. Se sitúan en la cara frontal de la parte superior del brazo. Los mejores ejercicios son las flexiones de bíceps, que pueden ser llevadas a cabo con una barra, con mancuernas o en máquina.
- *Tríceps*. Estos músculos se localizan en la cara posterior de la mitad superior del brazo. Los ejercicios para esta zona incluyen movimientos de empuje como flexiones, pectorales y extensiones de tríceps.

Progresión

En los programas de resistencia, la adecuada progresión se consigue añadiendo peso, y ésa es la clave de cualquier programa de preparación muscular bien diseñado. Esto significa que a medida que tus músculos se adapten a un determinado ejercicio y peso, deberás incrementar gradualmente la resistencia (la cantidad de peso elevado) o el número de repeticiones que ejecutes con el fin de conseguir más beneficios en lo que a tu estado físico se refiere. Deberías comenzar con un peso que te permita completar al menos ocho repeticiones de un ejercicio en particular. Una vez que llegues a doce o incluso a quince repeticiones con ese peso, tendrías que incrementarlo en aproximadamente un 5 por 100 pero sin superar el 10 por 100. Sólo entonces tienes que volver a las ocho repeticiones pero con un peso superior. Una vez que hayas logrado completar hasta doce repeticiones con ese peso más elevado, nuevamente debes aumentarlo en otro 5 por 100 y volver a las ocho repeticiones. Mientras sigas añadiendo repeticiones y resistencia, continuarás obteniendo beneficios para tu salud.

El aumento en el tamaño y la fuerza de los músculos no se produce durante la sesión de ejercicio, sino durante el período de descanso entre un entrenamiento y el siguiente. Los períodos de recuperación son los lapsos que los músculos necesitan para regenerarse y recomponerse, haciéndose más grandes y fuertes de forma gradual. El proceso de recuperación puede llevar al menos 48 horas, razón por la cual el entrenamiento de fuerza debería tener lugar en días alternos. Si prefieres entrenar con mayor frecuencia, evita utilizar el mismo grupo muscular en días consecutivos. Por ejemplo, podrías practicar ejercicios para la zona superior del cuerpo un día, y ejercicios para la zona inferior al siguiente.

Establecer objetivos a corto plazo relacionados con la preparación muscular

En este capítulo hemos establecido un objetivo a largo plazo, otro a corto plazo relacionado con la actividad física diaria, y un tercero, también a corto plazo, relativo a la preparación cardiovascular. Ahora tienes que pensar en establecer un objetivo a corto plazo que te permita mejorar tu preparación muscular; sin embargo, antes de empezar tendrías que esperar entre tres y cuatro semanas. La razón para demorar la aplicación de un programa de preparación muscular es que ya has aumentado tu actividad diaria comenzando un programa de preparación cardiovascular. Y poner en práctica demasiados objetivos a corto plazo simultáneamente no es lo ideal para conseguir un cambio óptimo en el estilo de vida. Por consiguiente, el programa de preparación muscular debería quedar pospuesto hasta que consigas satisfacer significativamente los dos primeros objetivos a corto plazo: incrementar tu actividad diaria y mejorar tu estado cardiovascular.

Tu primer objetivo a corto plazo para preparar tus músculos consiste en completar dos sesiones de ejercicios planificados de resistencia a la semana durante las próximas cuatro semanas.

Entrenamiento de resistencia y ejercicios de flexibilidad

Las tablas 5.3 y 5.4 de las páginas 104-109 contienen ejemplos de programas para una adecuada preparación cardiovascular y muscular. Verás que hemos recomendado un cierto número de ejercicios de resistencia por sesión, según el grupo muscular. A continuación encontrarás instrucciones y fotografías que detallan los procedimientos a seguir en cada uno de los ejercicios previamente recomendados para cada grupo muscular. También hemos incluido descripciones y fotos de quince ejercicios de flexibilidad, clasificados como estiramientos para la parte superior del cuerpo y para la parte inferior. Las fotografías te servirán de guía para la correcta puesta en práctica de los ejercicios.

Ejercicios de flexibilidad para la parte inferior del cuerpo

Estiramiento de cuádriceps

Con una mano apoyada en una pared cercana que te valga como apoyo, cógete un tobillo y tira de él hacia arriba y atrás.

Estiramiento de tendones del hueco poplíteo

Con los pies juntos, flexiona el torso hacia abajo y tócate los dedos de los pies (o acércate todo lo que puedas).

Estiramiento de pantorrilla (contra la pared)

Apoya ambas manos sobre la pared, separadas en línea con los hombros. Mueve una pierna hacia atrás, asegurándote de mantener el talón apoyado en el suelo durante el estiramiento. Flexiona la rodilla que ha quedado más adelantada, desplazando el peso del cuerpo hacia delante.

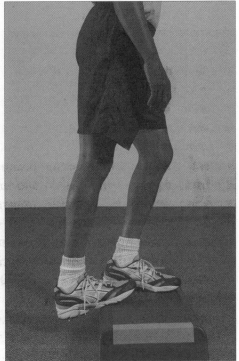

Estiramiento de pantorrilla (en escalera)

Ponte de pie sobre un escalón. Sujétate de la barandilla, apoya completamente uno de los pies y desplaza el otro hacia atrás, de tal manera que sólo el talón (no el arco) sobresalga del escalón. Desplaza el peso de tu cuerpo hacia ese pie y estira.

Estiramiento de gastrocnemio

Coloca un pie detrás del otro, manteniendo el talón pegado al suelo. Apoya las manos sobre la pierna que has adelantado para conseguir un mejor equilibrio, y traslada el peso de tu cuerpo a la pierna adelantada como si estuvieras dando una zancada.

Estiramiento de ingle

Siéntate en el suelo y une los pies por delante del cuerpo. Baja ligeramente las rodillas para provocar un estiramiento. Ejerce presión sobre ellas todo lo que necesites para estirar todavía más.

Estiramiento de piernas

Sentado en el suelo, extiende una pierna hacia el frente. Acerca el pie contrario hacia la pierna extendida de tal manera que el pie quede próximo a la rodilla. Échate hacia delante con ambas manos y sujétate el pie de la pierna extendida durante varios segundos, y a continuación relaja. Mantén la espalda recta en todo momento.

Estiramiento de sóleo (tendón de Aquiles)

En posición vertical y con un pie detrás del otro, mantén el talón del pie posterior pegado al suelo y distribuye el peso de tu cuerpo sobre ambos pies. Flexiona la rodilla posterior y apoya las manos sobre la cadera para mantener mejor el equilibrio.

Ejercicios de flexibilidad para la parte superior del cuerpo

Estiramiento pectoral

Apoya las manos sobre la nuca y tira de los codos hacia atrás. Mantén la posición.

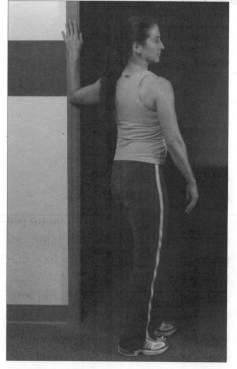

Estiramiento pectoral (marco de la puerta)

Apoya una mano sobre el marco de una puerta, gira el cuerpo hacia el lado contrario y mantén la posición.

Estiramiento de deltoides (contra la pared)

De espaldas a una pared, flexiona el torso hacia delante y apoya las manos sobre la pared, lo más alto que puedas, con los dedos hacia arriba. Flexiona las rodillas hasta que percibas un estiramiento y mantén la posición.

Estiramiento de deltoides

Cógete un codo con la mano contraria y tira de él hacia el pecho, hasta que percibas un estiramiento. Mantén la posición.

Estiramiento de tríceps

Sube un brazo por encima de la cabeza, sujeta ese codo con la mano contraria y tira de él hacia la cabeza.

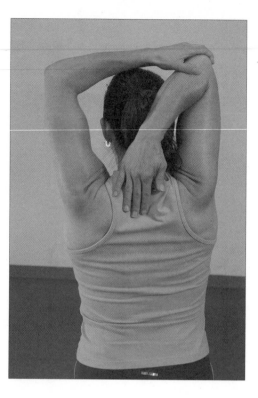

Estiramiento de antebrazo

Estira un brazo hacia el frente. Sujeta esa mano con la contraria y tira de ella hacia el hombro hasta que percibas un estiramiento.

Estiramiento de cuello

Gira la cabeza sobre un hombro hasta que percibas un estiramiento y mantén la posición. Repite, girando la cabeza hacia el otro lado.

Ejercicios de resistencia muscular

Flexiones

Tumbado boca abajo, separa los brazos siguiendo la línea de los hombros y mantén la espalda recta. Despega el cuerpo del suelo y extiende los brazos por completo. A continuación, desciende poco a poco hacia el suelo.

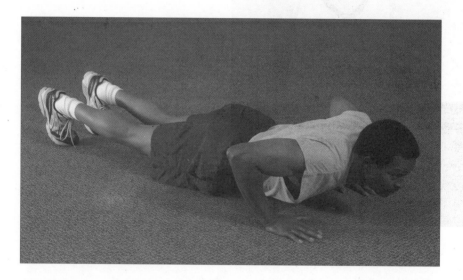

Flexiones sobre rodillas

Deberás trabajar en la misma posición de las flexiones normales, sólo que cruzando las piernas y apoyando las rodillas en el suelo. Mantén los codos próximos al cuerpo y la espalda recta. Eleva el cuerpo poco a poco hasta extender los brazos por completo, y lentamente regresa a la posición inicial.

Flexiones abdominales

Túmbate en el suelo boca arriba, con las rodillas flexionadas. Cruza los brazos por encima del pecho y eleva el tercio superior de la espalda, manteniendo la parte inferior de la columna pegada al suelo. Relaja la musculatura y lentamente regresa a la posición inicial.

Ejercicios de fuerza muscular

Press de pierna (con máquina)

Para trabajar cuádriceps

Apoya los pies sobre la plataforma, siguiendo la línea de los hombros, y empuja hacia arriba. Coloca el cierre de seguridad y carga con el peso hacia abajo hasta que tus rodillas formen un ángulo de aproximadamente 60 grados. A continuación extiende las piernas, pero sin trabar las rodillas.

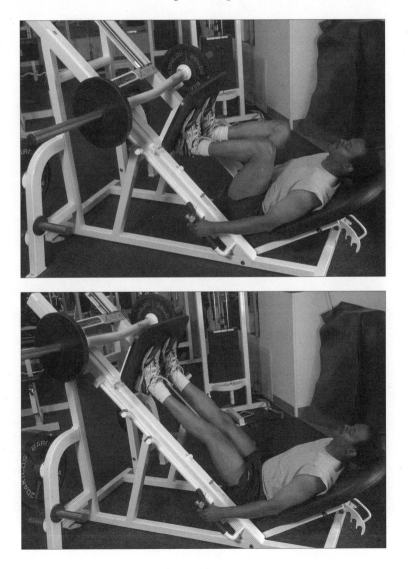

Zancada con pesas de mano

Para trabajar cuádriceps

Coge una mancuerna con cada mano. Da un paso adelante con una pierna, procurando que el talón del pie que avanza llegue en primer lugar, y luego los dedos. Baja el cuerpo hasta que cada pierna se flexione en un ángulo de 90 grados. Regresa a la posición inicial llevando hacia atrás la pierna que has adelantado, y apoyando los pies en la línea de los hombros.

Extensión de piernas (con máquina)

Para trabajar cuádriceps

Coloca las piernas detrás de la almohadilla y extiéndelas hasta que queden rectas. Deja caer lentamente la barra hasta su posición inicial.

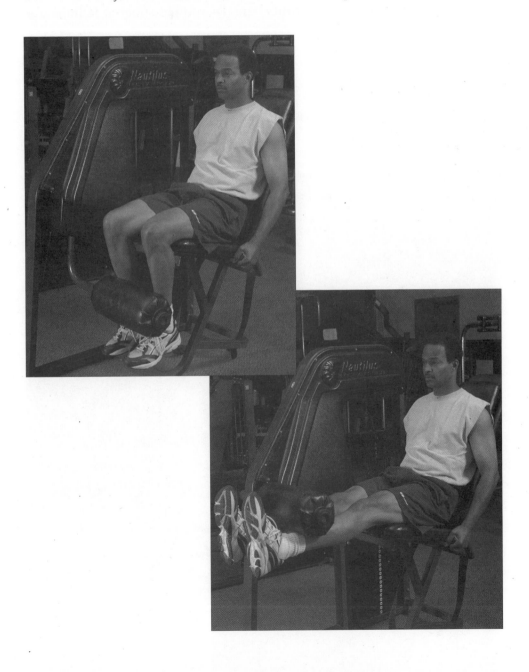

Sentadilla con barra

Para trabajar cuádriceps

Sujeta una barra con ambas manos, colocadas en línea con los hombros. Manteniendo la espalda recta, flexiona las rodillas hasta que éstas formen un ángulo de 90 grados. No permitas que las rodillas superen la línea que marcan los dedos de los pies.

«Step» con pesas de mano

Para trabajar cuádriceps

Ponte de pie frente a una plataforma elevada. Da un paso sobre ésta con un movimiento lento y deliberado, y a continuación desciende de la misma manera.

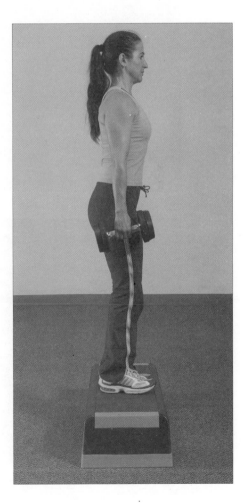

Flexiones de piernas boca abajo (en máquina)

Para trabajar tendones del hueco poplíteo

Coloca las piernas debajo de la almohadilla y eleva las pantorrillas hasta que alcancen la posición vertical (más de 90 grados). A continuación deja caer la almohadilla lentamente hacia su posición inicial.

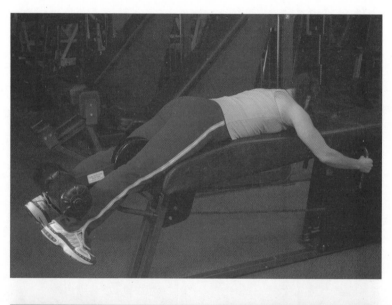

Flexiones de pierna en posición de sentado (en máquina)

Para trabajar tendones del hueco poplíteo

Coloca las piernas sobre la almohadilla y empuja hacia abajo hasta que ésta casi entre en contacto con los muslos. Permite que el peso regrese lentamente a su posición inicial.

Extensión de espalda en plataforma

Para trabajar erector de la columna

Comienza con el cuerpo en diagonal al suelo y la espalda recta. Baja el tronco hacia la cadera, hasta formar un ángulo de 90 grados entre las piernas y la columna. Eleva poco a poco el tronco hasta recuperar la posición inicial.

Extensión de espalda (en máquina)

Para trabajar erector de la columna

Sentado, apoya la espalda sobre la almohadilla. Presiona hacia atrás hasta conseguir la hiperextensión, y luego regresa lentamente a la posición inicial.

Abdominales

Para trabajar abdominal recto

Comienza tumbado boca arriba, con las rodillas flexionadas en ángulo de 90 grados. Con los brazos cruzados sobre el pecho, levanta el tercio superior del cuerpo y luego bájalo. Este ejercicio también puede llevarse a cabo en máquina.

Abdominales con rotación

Para trabajar los oblicuos

Túmbate boca arriba con los brazos detrás de la cabeza. Levanta el ter-cio superior del cuerpo hasta que un codo toque la rodilla contraria, efec-tuando un movimiento de giro. Regresa a la posición original. Este ejercicio puede ser llevado a cabo con o sin resistencia.

Dominadas (en máquina)

Para trabajar músculo dorsal ancho y redondo mayor

Apoya las manos sobre la barra, superando ligeramente la línea de los hombros. Tira del cuerpo hacia arriba utilizado los brazos hasta que tu cabeza pase por encima de la barra, y luego regresa lentamente a la posición inicial.

Aducción de hombro (en máquina)

Para trabajar músculo dorsal ancho y redondo mayor

Tira de la barra hasta llevarla al nivel del pecho (parte superior). Luego déjala subir lentamente, hasta que tus brazos queden extendidos por completo.

Press de banco (en máquina)

Para trabajar pectoral mayor

Con las manos separadas en línea con los hombros, empuja hacia arriba hasta extender los brazos por completo. Deja caer el peso lentamente hasta que percibas un ligero estiramiento en el pecho.

Mariposa (en máquina)

Para trabajar pectoral mayor

Apoya los antebrazos en las almohadillas e intenta unirlos frente al pecho. Regresa a la posición de inicio hasta que percibas un ligero estiramiento en el pecho.

Remo hacia arriba

Para trabajar musculatura de la espalda

Sujeta una barra con las manos, procurando que los brazos superan ligeramente la línea de los hombros. Tira de la barra hacia arriba, hasta que ésta alcance la parte superior del pecho. Los codos deben guiar el movimiento. A continuación baja la barra. Este ejercicio también puede ser llevado a cabo con mancuernas.

Encogimiento de hombros (con barra o mancuernas)

Para trabajar trapecio superior

Manteniendo la espalda recta, eleva la barra todo lo que puedas utilizando la musculatura de los hombros (y no los brazos). A continuación efectúa el movimiento contrario para descender.

Flexión de bíceps (con máquina o mancuernas)

Para trabajar bíceps

Con una mancuerna en cada mano, comienza con los brazos hacia abajo, a ambos lados del cuerpo, y elévalos flexionando el codo para que las mancuernas alcancen el nivel de los hombros. A continuación baja las pesas hasta que los brazos queden completamente extendidos.

Flexión simultánea de ambos brazos (banco y barra)

Para trabajar bíceps

Apoya los antebrazos sobre la almohadilla mientras te encuentras sentado en el banco. Eleva la barra hasta que los antebrazos alcancen la posición vertical, y después bájala de forma gradual.

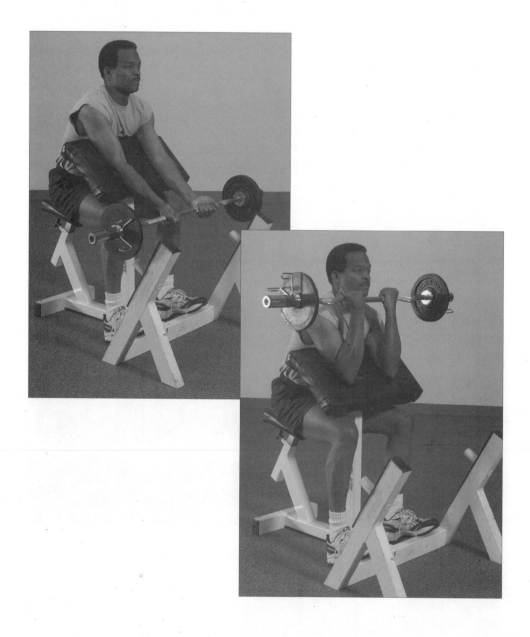

Extensiones de tríceps (con pesas de mano)

Para trabajar tríceps

Baja la pesa por detrás de la cabeza, manteniendo la parte superior de los brazos por encima de la misma. A continuación eleva la pesa hasta que los brazos queden casi completamente extendidos.

Extensión de tríceps (en máquina)

Para trabajar tríceps

De pie y con los brazos flexionados en ángulo recto, sujeta la barra a la altura de las muñecas. Tira hacia abajo hasta que los brazos queden completamente extendidos y regresa poco a poco a la posición inicial.

Pectorales

Para trabajar tríceps

Siéntate en un banco o una silla, con los pies apoyados sobre un objeto de altura similar situado frente a ti (por ejemplo, una pelota de estabilidad). Lentamente despégate del banco de tal manera que sean los brazos los que sujeten tu peso. Baja el cuerpo poco a poco hasta que la parte superior de los brazos forme una línea paralela al suelo. Regresa a la posición inicial. Este ejercicio también puede ser llevado a cabo con los pies sobre el suelo, como opción más sencilla.

Cómo superar las barreras que nos dificultan la ejercitación

En el capítulo 4 hemos hablado de las barreras que obstaculizan la incorporación de cambios en nuestros hábitos. Así que si estás modificando tu vida, te ayudará analizar cuáles podrían ser tus potenciales barreras y decidir qué hacer para superarlas. Uno de los obstáculos que muchas personas descubren es que no les apetece entrenar. Pero ésa es una barrera relativamente fácil de franquear. Primero, recuerda que todos tenemos días en los que, por el motivo que sea, nos sentimos fatigados y no tenemos ganas de hacer ejercicio. Una forma de superar este problema es encontrarse preparado para que eso suceda; en otras palabras, en lugar de tomarnos el día libre y no hacer nada (si bien, cuando *realmente* nos encontramos muy fatigados, no es mala idea), deberíamos disponer de diversas estrategias para superar esta barrera. Por ejemplo, cuando el otro día me preparaba para entrenar, me di cuenta de que no me apetecía hacer lo que había planificado. Así que corté la sesión en dos: en lugar de correr durante treinta minutos, lo hice sólo durante un cuarto de hora. Después de la sesión (y, por supuesto, la mejor parte: la ducha), me sentí fenomenal y preparado para continuar con mi rutina diaria sabiendo que había conseguido superar un obstáculo y había hecho algo bueno por mi salud. Así que, aunque hice ejercicio, fue una jornada «suave» que me permitió descansar hasta cierto punto. De hecho, después de la sesión de entrenamiento me sentí con mucha más energía. Por eso, una buena estrategia para superar este tipo de barreras consiste en hacer algo, por poco que sea, en lugar de interrumpir la actividad física por completo.

Otra barrera es la falta de tiempo para entrenar. Si éste es tu caso, debes determinar un horario específico para tu sesión. Tienes que «quedar» contigo mismo para hacer tus ejercicios y apuntar la cita en la agenda. Pero tienes que cumplirla. Si alguien solicita reunirse contigo en ese horario, tu respuesta debe ser que ya tienes una cita previa.

Existen más estrategias todavía de las que puedes valerte para superar este tipo de barreras. Por ejemplo, podrías ejercitarte con un amigo. Tener la responsabilidad de encontrarte y entrenar con alguien ayuda mucho a mantener el compromiso. Otra idea es llevar un diario de actividades físicas o ejercicios; para algunas personas, registrar lo que hacen se convierte en un excelente refuerzo positivo. Piensa en cuáles podrían ser tus barreras, y luego planifica de qué forma superarlas.

Resumen

Encontrar formas de incrementar tu actividad física diaria y poner en práctica un programa de preparación cardiovascular y muscular aportará muchos beneficios a tu salud, incluyendo la posibilidad de alterar positivamente tu perfil de lípidos y lipoproteínas en sangre. La información incluida en este capítulo comprende recomendaciones para incrementar las actividades físicas diarias, además de pautas específicas para desarrollar programas planificados de preparación cardiovascular y muscular. En el capítulo 3 hemos explicado el concepto de que los pequeños incrementos en la actividad física mejoran la salud. Sin embargo, para conseguir cambios positivos en tu perfil de lípidos y lipoproteínas, necesitarás desarrollar un plan combinado de actividad física y ejercicio planificado que suponga un consumo energético semanal de entre 1.200 y 1.500 kcal. Este promedio equivale a un consumo energético diario de aproximadamente 250 kcal, lo cual se traduce en alrededor de cuatro a cinco horas de actividad física y ejercicio planificado a la semana.

PLAN DE ACCIÓN ———————————

Crea tu programa de ejercicios

❖ Aprende la diferencia entre actividad física ligera, moderada y enérgica.

❖ Establece objetivos a corto y largo plazo relacionados con tu actividad física y preparación cardiovascular y muscular.

❖ Encuentra formas de incorporar actividad física a tu vida diaria; por ejemplo, estaciona lejos de tu lugar de trabajo y camina.

❖ Comprende los principios básicos de sobrecarga, progresión, especificidad y reversibilidad.

❖ Planifica tu programa de preparación cardiovascular de tal manera que incluya las cantidades óptimas de ejercicio que permiten bajar el colesterol:

- Frecuencia: tres a cinco veces a la semana
- Intensidad: 40 a 70% de RCM
- Duración: al menos 30 minutos

❖ Utiliza la ecuación (220 – edad) para determinar tu ritmo cardíaco máximo, y familiarízate con los métodos que cuantifican la intensidad.

❖ Asegúrate de realizar el entrenamiento de resistencia de forma correcta, y básate en las descripciones de los ejercicios y las fotos incluidas en este capítulo para no cometer errores.

❖ Cumple con los programas de ejercicios tal como los hemos descrito, o bien adáptalos a tus preferencias y necesidades.

CAPÍTULO 6

Sigue una dieta sana que proteja la salud de tu corazón

¿Puedes vivir sin comer? La respuesta evidente es no. Además de ser necesario para la supervivencia, el alimento es el eje de las reuniones familiares y sociales, y satisface nuestras necesidades emocionales, sociales y culturales. La comida habla por nosotros mismos cuando no encontramos palabras, y se utiliza para demostrar amor, cariño y amistad. En momentos de inquietud, aburrimiento o soledad, también nos sirve de consuelo. La conexión entre los alimentos y los buenos sentimientos se remonta a la época en que éramos bebés, cuando el estómago lleno se relaciona con la alegría, el bienestar y la seguridad. Pero la apasionada relación que mantiene nuestra sociedad con la comida es complicada y difícil de desentrañar. Cambiar los hábitos alimentarios con el fin de prevenir, detener o incluso revertir una cardiopatía se convierte en un reto similar al que supone comenzar un programa de ejercicios físicos. En general, consumimos demasiadas calorías y tomamos un exceso de grasa y azúcar. Hemos desarrollado estos hábitos con el paso de los años, y los plasmamos a diario en nuestra manera de tomar café, preparar nuestras comidas y frecuentar restaurantes de comida rápida. Por esa razón, las sugerencias ofrecidas en el capítulo 4 sobre la introducción de cambios de comportamiento y el desarrollo de un programa de ejercicios también pueden resultar convenientes a la hora de estudiar nuestros propios hábitos de alimentación.

Desde la perspectiva dietética, la mejor manera de afectar positivamente al colesterol en sangre y al colesterol asociado a las lipoproteínas consiste en reducir el peso corporal, lo cual puede lograrse disminuyendo el consumo de grasas saturadas y la cantidad general de calorías. En este capítulo trataremos distintos temas, como el cambio experimentado en la alimentación occidental, las pautas para seguir una dieta sana y la forma de reducir la ingesta de grasa saturada.

El consumo de alimentos

En el capítulo 5 explicábamos que es necesario incorporar más actividad física a nuestra rutina diaria, además de desarrollar un programa de entrenamiento planificado. Pero lo que no mencionamos en esa sección fue que todos tendríamos que llevar a cabo un ejercicio muy especial durante cada comida: el llamado «alejamiento», que consiste sencillamente en distanciarnos de la mesa. En otras palabras, deberíamos abandonar la mesa sin tomar más porciones de las necesarias. Pero no hemos de olvidar que, además de poner distancia, tendríamos que tomar también porciones más pequeñas, ya que combinando el «alejamiento» con un consumo de porciones más reducidas se consigue comer menos y disminuir la cantidad de calorías ingeridas. La mayoría de los occidentales tomamos más alimentos de los que en realidad nos hacen falta. Así que mientras nos «alejamos», podemos reflexionar sobre este tema y muchos otros que nos conciernen especialmente. Es posible que no te sientas completamente satisfecho con lo que estás comiendo y necesites servirte por segunda o tercera vez. Sin embargo, al cerebro puede llevarle hasta quince minutos o más darse cuenta de que el estómago se está llenando. Intenta entonces comer despacio, tomando porciones de tamaño reducido, y ofreciendo más tiempo a tu cerebro para que se comunique con tu aparato digestivo y logre «pillarlo». También ten en cuenta que deberías tomar porciones más pequeñas. Muchas personas han conseguido modificar sus hábitos alimentarios evitando servirse por segunda o tercera vez, pero toman una primera porción extremadamente grande. Es importante servirse poca cantidad de comida.

Volvamos a algunas interesantes tendencias alimentarias detectadas en Estados Unidos, y a los cambios que ha experimentado la dieta de este país en los últimos cincuenta años. Los norteamericanos del siglo XXI consumen varios cientos de calorías más al día que los de las décadas anteriores. En la actualidad, el norteamericano medio consume alrededor de 2.700 calorías diarias, lo que supone 500 calorías por encima del promedio de 1970, y 700 más que a finales de los años cincuenta. El problema, además, es que cuando los norteamericanos comienzan a comer más, practican menos ejercicio.

Otra interesante tendencia es que cada vez frecuentan más los restaurantes. Y al comer o cenar fuera, consumen mucho más de lo que necesitan y toman alimentos de alto contenido calórico, un comportamiento que ha contribuido a convertir el peso en un grave problema local. El peso excesivo es responsable de la gran incidencia de la obesidad en los países occidentales en general. Y este problema de salud tiene más importancia de la que creemos, porque incrementa la aparición de enfermedades crónicas asociadas, como cardiopatías, diabetes y cáncer, sin olvidar que el consumo excesivo de alimentos también está asociado a un elevado nivel de colesterol en sangre, triglicéridos y cLDL. Por fortuna, la disminución del consumo calórico y la ingesta de grasa posibilitan la reducción del peso corporal. Y este cambio de comportamiento ejerce un inmenso poder positivo sobre los niveles de colesterol y triglicéridos en sangre, así como del cLDL.

Cómo confeccionar una dieta sana para el corazón

Cuando te planteas comenzar a comer sanamente, una de las cosas en que deberías pensar es en tomar una combinación adecuada de carbohidratos, proteínas y grasas. Los patrones de alimentación que cuidan el corazón incluyen el consumo de una buena variedad de fruta, verdura, cereales, productos lácteos desnatados o enteros, pescado, legumbres, aves y carne magra. La mayoría de los profesionales de la salud especializados en la prevención de enfermedades recomiendan una dieta nutricional que contenga aproximadamente entre el 50 y el 60 por 100 de carbohidrato y entre el 12 y el 15 por 100 de proteína. No más del 30 por 100 de las calorías debería provenir de la grasa.

Casi todo el mundo ha oído comentar que resulta sumamente recomendable seguir una dieta de bajo contenido en grasas y colesterol. Es cierto que el colesterol de la dieta está relacionado con la enfermedad cardíaca, pero más preocupante es el colesterol producido por el organismo. Por sorprendente que resulte, la cantidad de colesterol de los alimentos no se relaciona demasiado con el nivel de colesterol en sangre; en realidad, el problema es la grasa saturada de la dieta, que ejerce una mayor influencia sobre los niveles de colesterol en sangre e incrementa el riesgo de desarrollar ciertas enfermedades. La clave para alterar el colesterol en sangre a través de la grasa de la dieta consiste en sustituir la grasa perjudicial por la grasa sana. Muchas organizaciones sanitarias, incluida las Asociación Norteamericana de Dietética, la Asociación Norteamericana de Diabetes y la Asociación Norteamericana del Corazón, recomiendan limitar la ingesta de grasa para que no supere el 30 por 100 del total de calorías diarias, y así evitar enfermedades. Para los adultos que sufren cardiopatías, lo más recomendable es una dieta en la que no más del 20 por 100 de las calorías provenga de la grasa. En este capítulo conocerás las diversas variedades de grasa y sus efectos sobre el colesterol en sangre, el colesterol asociado a las lipoproteínas de la sangre y los demás nutrientes que conforman una dieta sana.

Carbohidratos

Los carbohidratos son principalmente azúcar y almidón producidos por plantas. Junto con la grasa y las proteínas, componen uno de los tres tipos de nutrientes que el cuerpo utiliza como fuente de energía. Un gramo de carbohidrato equivale a cuatro calorías de energía. El carbohidrato se presenta en formas simples (*carbohidratos simples*), como los azúcares, o en formas complejas (*carbohidratos complejos*), como el almidón y la fibra. El organismo descompone los carbohidratos simples y complejos (a excepción de la fibra) en glucosa, para ser utilizados como fuente de energía.

Existen diversas formas de carbohidratos simples. Una es la sacarosa —también conocida como azúcar de mesa, y presente en la mayoría de las golosinas—, que se relaciona tanto con la presencia de niveles elevados de triglicéridos en sangre y colesterol total, como con los niveles bajos de cHDL. Otro azúcar simple es la *fructosa*, que proviene de la fruta. La fructosa es un azúcar mucho más sano que la sacarosa porque produce un menor incremento del azúcar en sangre, razón por la cual ofrece algunas ventajas a los diabéticos. Sin embargo, como cualquier azúcar, su consumo excesivo se traduce en un nivel elevado de triglicéridos en sangre y colesterol total, y un bajo nivel de cHDL.

Los carbohidratos complejos son los almidones y las fibras. Los que encontramos en los cereales integrales, las verduras y el arroz integral son mejores que los almidones refinados típicos de la pasta, el arroz blanco y los productos confeccionados con harina blanca. El consumo de carbohidratos complejos en la dieta puede reducir el colesterol en sangre cuando reemplaza a las grasas saturadas. Estos carbohidratos aparecen en una gran variedad de alimentos, como el arroz integral o salvaje, los frutos secos, el salvado, los cereales integrales, la avena, el pan, la pasta y las legumbres, que son algunos de los alimentos más sanos del planeta. Los carbohidratos complejos también son considerados una forma de alimentos de bajo contenido glucémico. Eso significa que la digestión se lleva a cabo de forma más lenta, favoreciendo un incremento mucho más suave en el nivel de azúcar en sangre. En contraste con el carbohidrato de alto contenido glucémico (es decir, el azúcar de mesa, los caramelos, los siropes, la miel), el carbohidrato de bajo contenido glucémico está asociado a un menor riesgo de cardiopatía, además de que ayuda a controlar la diabetes tipo 2. En resumen, los carbohidratos complejos están cargados de nutrientes, vitaminas, minerales, fibra y antioxidantes, y forman parte de una dieta sana.

Fibra

La fibra se refiere al material de origen vegetal que nuestro organismo no puede digerir por no contar con las enzimas necesarias para descomponerla y favorecer su absorción. La fibra mejora la salud reduciendo el riesgo de desarrollar enfermedades crónicas como el estreñimiento, las hemorroides y la diverticulosis (una dolencia en la que se forman bolsas en el intestino, susceptibles de inflamarse). También reduce el riesgo de sufrir ciertas formas de cáncer, en especial de colon y mama, sin olvidar que una dieta rica en fibra puede disminuir el colesterol total en sangre y el cLDL, minimizando de esta manera la posibilidad de desarrollar una enfermedad cardíaca. Y como si todo lo anterior fuera poco, disminuye así mismo el nivel de azúcar en sangre y facilita en consecuencia el control de la diabetes. La fibra se presenta en dos formas: soluble e insoluble. La *fibra soluble* puede mezclarse con agua, en tanto que la *fibra insoluble* absorbe fluidos. Las fuentes de fibra soluble son los productos de avena y el salvado de avena, las judías secas, la cebada, la fruta como la naranja y la manzana, y las verduras como la zanahoria. La fuentes alimentarias de fibra insoluble incluyen los productos integrales, el salvado integral, el aceite de semillas de lino, las verduras como las judías verdes, la coliflor y la piel de las patatas, y las pieles tanto frutales como de verduras de raíz.

La fibra soluble es más importante que la insoluble en lo que a la disminución del colesterol total y el cLDL se refiere, y por consiguiente reduce el riesgo de desarrollar alguna cardiopatía. También es fundamental para la regulación del azúcar en sangre en los cuadros de diabetes. Por su parte, la fibra dietética insoluble promueve la regularidad intestinal y mejora la eliminación de productos tóxicos porque aumenta su velocidad. Esto ayuda a mantener un óptimo equilibrio ácido-base intestinal y a evitar que los microbios produzcan sustancias cancerígenas. Todas estas acciones reducen el riesgo de desarrollar cáncer de colon.

Se cree que la fibra disminuye los niveles de colesterol en sangre uniéndose al colesterol y otras grasas durante su paso por el intestino. El organismo no puede absorber la fibra, así que cuando el colesterol se adhiere a ella, ni éste ni la fibra continúan moviéndose por el aparato digestivo. La fibra soluble (5 a 10 gramos al día) puede contribuir a disminuir el colesterol total y los niveles de cLDL en una cifra tan elevada como el 25 por 100. Tanto la FDA (agencia norteamericana de regulación de medicamentos), la Academia Norteamericana de Ciencias (NAS), el Departamento Norteamericano de Agricultura (USDA) y la Asociación Norteamericana del Cáncer (ACS) recomiendan consumir entre 25 y 35 gramos de fibra al día. Pero en la actualidad, la mayoría de los occidentales, y en particular los norteamericanos, toman menos de 10 gramos de fibra diarios.

Proteínas

Las proteínas deberían aportar entre el 12 y el 15 por 100 del total de calorías consumidas. Un gramo de proteína contiene cuatro calorías de energía, pero sólo el 5 por 100 de la proteína de la dieta se utiliza con fines energéticos, porque la mayor parte se aplica a la construcción y reparación de tejido. Por consiguiente, resulta esencial para el desarrollo de músculos y huesos fuertes. Las mejores fuentes de proteína son el pescado, las aves de corral y la soja, por lo que deberías restringir la ingesta de carne roja o cualquier carne que no sea magra.

Pescado

El pescado es probablemente la mejor fuente de proteína. Elige pescados que no provengan de centros de piscicultivo, porque contienen menos nutrientes (es decir, ácidos grasos omega-3). Para conseguir máximos beneficios del pescado debes comer salmón, caballa, sardinas, mero y atún, especies que también contienen un porcentaje elevado de ácidos grasos omega-3 (una grasa de la que hablaremos más adelante). El consumo, aunque sea moderado, de ácidos grasos omega-3 consigue disminuir los niveles de triglicéridos en sangre con el beneficio añadido de reducir la tendencia de la sangre a formar coágulos. Pero así como el consumo de pescado una vez a la semana está asociado a un menor riesgo de sufrir ataques cardíacos, cinco o seis raciones de pescado a la semana pueden incrementar el riesgo de apo-plejía. También hay que tener en cuenta que consumir grandes cantidades de un pescado determinado, como el atún, puede aumentar el riesgo de to-xicidad por mercurio.

Soja

La soja es un alimento excelente porque contiene fibra soluble e inso-luble y ácidos grasos omega-3 (véase sección sobre grasa en la dieta), y que además aporta todas las proteínas esenciales. Uno de los nutrientes que con-tiene la soja es un tipo de estrógeno natural llamado isoflavona, que ejerce efectos positivos sobre los niveles de lípidos. Recientes investigaciones su-gieren que las proteínas de la soja reducen el colesterol total en sangre, el cLDL y los niveles de triglicéridos. El consumo diario de un promedio de 47 gramos de proteína de soja disminuye el colesterol total en un 9 por 100, el cLDL en un 12 por 100 y los triglicéridos en un 11 por 100, e incremen-ta el colesterol HDL en un 3 por 100. Un posible problema relacionado con el consumo exagerado de soja es que podría afectar negativamente a un feto durante su gestación, debido a la elevada concentración de estrógeno natu-ral que contiene. Así mismo, las mujeres afectadas de cánceres sensibles al estrógeno o que presentan un historial familiar de este tipo de dolencia de-berían saber que la soja contiene fitoestrógenos, que podrían aumentar aún más el riesgo de cáncer. Sin embargo, aún es necesario contar con mucha más investigación en este sentido antes de llegar a nuevas conclusiones.

Carnes de vacuno, de ave y de cerdo

El problema de la carne de vacuno radica, en realidad, en la grasa que contiene. Para proteger tu corazón, deberías decantarte por el pescado o las aves antes que por la carne de vacuno o de cerdo. La carne de vaca es más aceptable cuando su contenido en grasa saturada es bajo (la grasa saturada de la carne de vacuno representa el principal peligro para el corazón), si bien dicha proporción varía y depende del tipo de carne y del corte. Los mejores resultados posibles a la hora de reducir el colesterol en sangre se consiguen consumiendo pollo sin piel o pavo. Sin embargo, los cortes de cerdo más ma-gros (lomo y solomillo), o de ternera y vaca, son casi comparables al pollo en cuanto a sus calorías y contenido graso. La carne de vaca magra, el cerdo y el pollo ejercen efectos similares sobre la reducción de los niveles de co-lesterol total en sangre y cLDL. Sin embargo, el pescado afecta positivamente al colesterol en sangre, incluso más que el pollo y la carne de vacuno magra. En otras palabras, para cuidar mejor del corazón es preferible que optes por comer pescado.

Grasa de la dieta

La grasa de la dieta es una importante fuente de calorías que mejora el sabor de los alimentos. La grasa aporta nueve calorías por gramo, más del doble de las calorías proporcionadas por los carbohidratos o las proteínas. Pero, de todos modos, desempeña importantes funciones. Es esencial para la formación de estructuras corporales como músculos, nervios, membranas y vasos sanguíneos, y favorece la correcta absorción de vitaminas solubles en grasa: A, D, E y K. En general, la grasa de la dieta de origen animal recibe el nombre de grasa saturada, y la de origen vegetal es conocida como grasa insaturada, con la excepción del coco, el aceite de coco, el aceite de palma y el aceite de nuez de palma.

En los últimos cincuenta años, el mayor consumo de alimentos ha provocado también una ingesta superior de grasa en la dieta, incluida la grasa saturada o animal, que produce muchos efectos negativos, entre los que posiblemente el peor sea la anulación de la capacidad hepática para eliminar el colesterol de la sangre. Como resultado, los niveles de colesterol en sangre y cLDL aumentan.

Colesterol

Todos los productos animales incluyen colesterol: la carne de vaca, las aves de corral, los mariscos, los huevos y los productos lácteos como el queso y la leche. Las yemas de huevo y las carnes orgánicas como el hígado, los sesos y los riñones encierran un porcentaje especialmente elevado de colesterol. El NCEP recomienda tomar menos de 300 miligramos diarios de colesterol a través de la dieta.

Grasa saturada

La grasa saturada se encuentra principalmente en las grasas animales, y en menor medida en los mariscos, los productos lácteos enteros y la piel de las aves. También algunos alimentos de origen vegetal presentan un alto contenido de grasa saturada (coco, aceite de coco, aceite de palma y aceite de nuez de palma). La grasa saturada es sólida a temperatura ambiente. Las dietas ricas en grasa saturada pueden aumentar el nivel total de colesterol en sangre y de cLDL, incluso más que el colesterol de la dieta.

Grasas trans

Los ácidos transgrasos, o grasas trans, son producidos mediante un proceso de elaboración que consiste en calentar aceites vegetales líquidos en presencia de hidrógeno, para crear así aceite hidrogenado. Cuanto más hidrogenado es un aceite, más solidez adquiere la grasa a temperatura ambiente. La grasa trans está presente en muchos alimentos de preparación industrial, como los productos horneados, la margarina, los aperitivos y la mayor parte de los alimentos procesados. La comida rápida de preparación comercial, como las patatas fritas y los aros de cebolla, también contienen una buena cantidad de grasa trans, que es peor que la grasa saturada porque muestra una mayor tendencia a elevar el colesterol en sangre y los niveles de cLDL en tanto empeora los de cHDL.

A medida que aumenta la información sobre la grasa trans, más productos libres de esta grasa ofrece el mercado. Durante mucho tiempo, la incorporación de datos sobre el contenido de grasa trans en la etiqueta de un producto quedaba a criterio del fabricante. Sin embargo, un informe reciente elaborado por el Instituto Norteamericano de Medicina llegaba a la conclusión de que no existe un nivel seguro de grasa trans en la dieta. Y esta proclamación finalmente ha impulsado a la FDA a requerir que esta sustancia figure obligatoriamente en las etiquetas de los productos, en el apartado que detalla la información nutricional. De todas maneras, hasta que comiencen a aparecer estas etiquetas, tendrás que leer la información detenidamente para determinar si un alimento procesado contiene grasa trans o no. Verifica en la lista de ingredientes si aparecen aceites hidrogenados o parcialmente hidrogenados. Cuanto más elevado sea el puesto que ocupan los aceites hidrogenados en la lista, mayor será el contenido de grasa trans del producto.

Grasa insaturada

Algunas grasas son saludables porque disminuyen los niveles de colesterol. Una de ellas es la conocida como grasa insaturada, que encontramos en los productos derivados de las plantas (aceites vegetales, frutos secos y semillas). Las dos principales categorías son: *grasas monoinsaturadas* y *grasas poliinsaturadas*.

La grasa monoinsaturada permanece líquida a baja temperatura, y está presente en aceites vegetales como el de oliva, colza y cacahuete. Su importancia radica en que es capaz de disminuir el colesterol en sangre y el cLDL sin alterar el cHDL. Por otro lado, un exceso de grasa monoinsaturada en la dieta provoca una grasa corporal excesiva e incluso un nivel elevado de colesterol en sangre.

Las grasas poliinsaturadas están presentes en los aceites de girasol, maíz y soja, y también en el pescado y los aceites de pescado. Suelen ser líquidas a temperatura ambiente. Las grasas poliinsaturadas de la dieta disminuyen los niveles de triglicéridos en sangre, colesterol total y cLDL, pero también reducen los niveles de cHDL. Por consiguiente, aunque tanto las grasas monoinsaturadas como las poliinsaturadas son consideradas sanas, deberías seguir las pautas recomendadas y limitar su consumo. En una dieta de 2.000 calorías diarias, entre el 5,5 y el 9 por 100 de esas calorías deberían provenir de la grasa poliinsaturada, y entre el 10 y el 11 por 100 de la grasa monoinsaturada.

Dado que las grasas monoinsaturadas y poliinsaturadas en cantidades adecuadas pueden provocar cambios positivos en los niveles de lípidos y lipoproteínas en sangre, se las conoce como grasas saludables. Los investigadores de Harvard descubrieron que al reemplazar 80 calorías de carbohidratos por 80 calorías de grasa poli o monoinsaturada, el riesgo de desarrollar una cardiopatía disminuía entre el 30 y el 40 por 100 (Hu, Manson y Willett, 2001).

Ácidos grasos omega-3

El pescado es una importante fuente de la grasa poliinsaturada conocida como ácidos grasos omega-3, que ha recibido mucha atención por su potencial para disminuir el riesgo de desarrollar cardiopatías. Al parecer, los ácidos grasos omega-3 elevan los niveles de cHDL y reducen las probabilidades de que las plaquetas formen coágulos. Y estos beneficios disminuyen las posibilidades de que se produzca un ataque cardíaco. El salmón, la albacora, la caballa, las sardinas, el arenque y la trucha arcoíris contienen grandes cantidades de ácidos grasos omega-3. A pesar de que los científicos no comprenden exactamente de qué manera participan los ácidos grasos omega-3 en la prevención de enfermedades, incorporar estas variedades de pescado a la dieta puede ofrecer un efecto protector frente a diversas cardiopatías, con la ventaja añadida de que no presentan ningún riesgo conocido. La Asociación Norteamericana del Corazón recomienda en la actualidad tomar al menos dos raciones de estas especies de pescado a la semana.

Investigación de planes dietéticos

Para disminuir tus valores de colesterol en sangre cuentas con diversas alternativas dietéticas. La USDA comenzó a publicar *A Pattern for Daily Food Choices* (Sugerencias para la elección diaria de los alimentos) en los años ochenta. Y la Pirámide de los Alimentos fue publicada por primera vez en 1992. A partir de entonces se oficializó la incorporación de información nutricional en las etiquetas de todos los productos, para que los consumidores pudieran comprender mejor las pautas de la pirámide, pero aun así aparecen nuevas dietas «milagrosas» permanentemente, que no hacen más que impedir que la población siga las sugerencias de la USDA.

En 2005, la USDA publicó sus nuevas pautas dietéticas, que proporcionan estrategias esenciales para mantener una dieta saludable para el corazón (véase tabla 6.1). Si te centras en ellas, podrás conseguir y mantener más fácilmente un peso corporal saludable: sólo tienes que elegir alimentos más sanos y seguir una serie de sugerencias dietéticas. En esta sección explicaremos algunos planes dietéticos que podrán ayudarte a desarrollar hábitos alimentarios sanos, acordes con las pautas de la USDA.

Cinco al Día: un programa para fomentar la buena salud

La campaña llamada Cinco al Día es un programa norteamericano diseñado para enseñar la importancia de incluir al menos cinco raciones de fruta y verdura en la dieta todos los días. La fruta y la verdura contienen vitaminas, minerales, fibra y fotoquímicos, todos ellos necesarios para promover la buena salud y reducir el riesgo de padecer ciertas enfermedades. Al tomar cinco o más raciones de fruta y verdura al día, se reduce el riesgo de sufrir ataques cardíacos, hipertensión, diabetes tipo 2 y determinados cánceres. Y esta reducción se consigue muy fácilmente: sólo basta con elegir entre una amplia variedad de verduras y frutas todos los días, e incluirlas como parte de una comida o bien tomarlas como aperitivos saludables. El programa Cinco al Día se convierte así en una forma muy sencilla de controlar la ingesta de verdura y fruta fresca en la dieta, y de marcar objetivos con el fin de adoptar hábitos alimentarios saludables.

El programa incluye cinco grupos de frutas y verduras, clasificados por color, que se encuentran asociados a determinados fotoquímicos. Tomar alimentos de cada grupo de color promueve el funcionamiento saludable de los diferentes sistemas corporales.

Tabla 6.1 Pautas dietéticas de la USDA

Cereales	Verduras	Frutas	Leche	Carne y alubias
Toma al menos 85 g de cereales, panes, galletas, arroz o pasta integrales al día. 28 g representan aproximadamente una rebanada de pan, una taza de cereales o media taza de arroz, cereal o pasta cocidos.	Toma más verdura de hoja verde, como brócoli, espinaca, etc. Come más productos vegetales anaranjados, como zanahorias y boniatos. Toma más alubias y guisantes, como alubias pintas, judías y lentejas.	Come frutas variadas. Escoge entre frutos frescos, congelados, enlatados o secos. No consumas zumo de fruta en exceso.	Opta por tomar leche, yogur y otros productos lácteos semidesnatados o desnatados. Si no te gusta o no puedes tomar leche, elige productos sin lactosa u otras fuentes de calcio, como alimentos y bebidas fortificados.	Toma carnes rojas de bajo contenido graso o magras, y también aves. Prepáralas al horno o a la parrilla. Varía tu rutina de proteínas: elige más pescado, judías, guisantes, frutos secos y semillas.
Para una dieta de 2.000 calorías, tienes que seguir las siguientes cantidades para cada grupo de alimentos. Si deseas conocer las proporciones adecuadas para ti, consulta http://MyPyramid.gov (en inglés y español).				
Consume 170 g al día.	Consume dos tazas y media cada día.	Consume dos tazas al día.	Consume 3 tazas al día (2 tazas los niños de 2 a 8 años).	Consume 150 g al día.

Encuentra un equilibrio entre los alimentos y la actividad física. • Asegúrate de respetar tus necesidades calóricas diarias. • Mantente físicamente activo durante al menos 30 minutos casi todos los días de la semana. • Es posible que necesites alrededor de 60 minutos de actividad física diaria para evitar ganar peso. • Para mantener la pérdida de peso, tal vez debas cumplir entre 60 y 90 minutos diarios de actividad física. • Los niños y los adolescentes deberían mantener una actividad física de al menos 60 minutos casi todos los días de la semana.	Conoce los límites aplicables sobre las grasas, los azúcares y la sal (sodio). • Procura que la mayor parte de la grasa que consumas provenga del pescado, los frutos secos y los aceites vegetales. • Limita las grasas sólidas como la mantequilla, la margarina, la manteca y la grasa de cerdo, así como los alimentos que las contienen. • Lee la información nutricional de las etiquetas para mantener un bajo consumo de grasas saturadas, grasas trans y sodio. • Elige alimentos y bebidas que contengan un nivel reducido de azúcares añadidos, ya que aportan calorías pero pocos o ningún nutriente.

Del Departamento Norteamericano de Agricultura, Centro para la Política y la Promoción de la Nutrición.

El grupo azul y púrpura está cargado de nutrientes que promueven la salud y ayudan a mantener el buen estado del tracto urinario y el funcionamiento de la memoria, además de reducir el riesgo de desarrollar ciertos cánceres. Algunos alimentos comunes de este grupo son las moras, los arándanos, las berenjenas y las ciruelas. El grupo verde contiene antioxidantes (sustancias como la vitamina E o la vitamina C, que al parecer protegen a las células corporales de los perjudiciales efectos del metabolismo). Los alimentos de grupo verde ayudan a evitar el deterioro de la visión y promueven el desarrollo de huesos y dientes, y contribuyen a reducir el riesgo de padecer algunas formas de cáncer. Las manzanas verdes, los kiwis, las uvas verdes, el brócoli, las judías verdes y las verduras de hoja verde son algunos de los muchos alimentos que componen este grupo. El grupo blanco, por su parte, contiene fotoquímicos que promueven la salud del corazón, disminuyen el riesgo de desarrollar determinados cánceres y mejoran el cHDL. Las cebollas, los plátanos, la coliflor y los dátiles son algunos de los alimentos del grupo blanco. El grupo amarillo y anaranjado incluye alimentos como melones, naranjas, piñas, maíz dulce, zanahorias y pimientos amarillos. Estos productos contienen nutrientes que ayudan a preservar la salud del sistema inmunológico, en tanto que simultáneamente protegen la visión, promueven la salud del corazón y reducen el riesgo de desarrollar cáncer. Los alimentos del grupo rojo incluyen manzanas rojas, arándanos rojos, fresas, tomates, patatas rojas y remolachas. Son sólo algunos de los alimentos entre los que puedes escoger para mejorar la salud de tu corazón, estimular el funcionamiento de la memoria y la salud del tracto urinario, y disminuir el riesgo de padecer ciertos tipos de cáncer.

Cambios terapéuticos en los hábitos de vida (CTHV)

Las personas que padecen hipercolesterolemia y presentan un nivel elevado de cLDL o han sufrido alguna enfermedad cardiovascular deberían adoptar la dieta de los cambios terapéuticos en los hábitos de vida (CTHV). En mayo de 2001, el NCEP publicó sus nuevas pautas para el control del colesterol en el *Tercer informe del panel de expertos en detección, evaluación y tratamiento de la hipercolesterolemia en adultos*. Este informe reconocía que la mejor manera de disminuir el colesterol en sangre consiste en comer menos grasa saturada y colesterol y controlar el peso corporal. Aquí encontrarás algunas recomendaciones básicas relativas a la dieta.

- El total de calorías debería ayudarte a alcanzar y mantener un peso corporal saludable.
- El consumo de grasa saturada no debería superar el 10 por 100 del total de calorías.
- La ingesta de grasa poliinsaturada puede representar hasta el 10 por 100 de las calorías.
- La grasa monoinsaturada puede suponer hasta el 15 por 100 del total de calorías.
- El consumo total de grasa en la dieta tendría que adaptarse a las necesidades calóricas. Las personas con sobrepeso deberían procurar que no más del 30 por 100 de las calorías totales de su dieta provenga de la grasa.
- La ingesta de colesterol a través de la dieta debería ser inferior a 300 miligramos al día.
- El consumo de sodio debería ser inferior a 2.400 miligramos diarios, lo que equivale aproximadamente a una cucharadita de cloruro de sodio (sal).

Si quieres conocer más consejos sobre cómo incorporar estas saludables pautas alimentarias, consulta el siguiente cuadro.

Opciones para una alimentación sana

- Toma mucha fruta y verdura fresca, evitando en lo posible consumir estos productos en forma de zumo.
- Come la piel de las frutas y las verduras después de haberlas limpiado debidamente.
- Consume cereales y panes integrales y con salvado.
- A medida que incrementes el consumo de fibra, bebe más agua.
- Decántate por productos frescos en lugar de procesados.
- Procura que la fibra que consumas provenga de alimentos y no de suplementos, ya que los primeros resultan más nutritivos.
- Toma más legumbres (judías rojas, negras, pintas y garbanzos) y platos confeccionados a partir de éstos, como el humus.
- La grasa de los productos lácteos es en su mayor parte saturada. Prueba las versiones semidesnatadas o desnatadas.

La dieta DASH

La dieta DASH (*Dietary Approaches to Stop Hypertension*, que significa «Opciones dietéticas para frenar la hipertensión») destaca por su alto contenido de fruta y verdura y su baja proporción de grasa y colesterol. Las frutas y verduras del plan alimentario DASH contienen más fibra y menos sacarosa (consulta el siguiente recuadro para obtener información sobre la cantidad de fruta y verdura que se debe consumir al día). Los científicos han descubierto que la dieta DASH reduce significativamente los niveles de colesterol total y cLDL. Comparados con personas que no seguían ninguna dieta en particular, los individuos que cumplían la dieta DASH redujeron sus niveles de colesterol en sangre en un 7 por 100 y sus niveles de cLDL en sangre en un 9 por 100. Los niveles de triglicéridos, que también incrementan el riesgo de sufrir una cardiopatía, no demostraron cambios significativos en los participantes de la dieta DASH, aunque sus niveles de cHDL en sangre disminuyeron en un 8 por 100. Esta caída se relaciona directamente con el nivel de este tipo de colesterol que la persona mostraba antes de iniciar la dieta. Por consiguiente, al seguir la dieta DASH, los niveles de cHDL en sangre podrían decrecer, sobre todo en las personas que inician el programa con niveles de cHDL superiores. Además, el plan alimentario DASH disminuye el nivel de homocisteína, un aminoácido al que se ha relacionado con el riesgo de sufrir cardiopatías. En la tabla 6.2 encontrarás una descripción de las recomendaciones de la dieta DASH.

Dosis diaria de fruta y verdura

Éste no es un plan alimentario completo porque no incluye carne, cereales, productos lácteos ni grasa. Simplemente es una guía sobre la cantidad de fruta y verdura que deberías incluir en tus comidas diarias según la dieta DASH:

- Desayuno: $3/4$ de taza de zumo de naranja natural y $1/2$ taza de arándanos frescos en un cuenco de cereales integrales.
- Aperitivo: trozos de plátano sobre un pan integral con mantequilla de cacahuete.
- Almuerzo: 2 tazas de tomates en dados, 2 tazas de pepinos en dados y 2 tazas de lechuga de hoja verde (no iceberg) o espinaca, todo mezclado.
- Cena: 2 boniatos horneados y 2 tazas de guisantes (congelados o frescos) junto con el resto de la cena.

Tabla 6.2 La dieta DASH

Grupo de alimentos	Ración diaria	Tamaño de la ración	Ejemplos y notas	Significado del plan DASH
Cereales y productos de cereales	7-8	Una rebanada de pan; 28 g de cereal seco*; ½ taza de cereales cocidos, arroz o pasta	Pan integral, magdalena, pan pita, panecillos, cereales, sémola de maíz, avena, galletas «crackers», galletas sin sal y palomitas de maíz	Grandes fuentes de energía y fibra
Verduras	4-5	Una taza de verduras de hoja crudas, ½ taza de verduras cocidas, 150 ml de jugo vegetal	Tomates, patatas, zanahorias, guisantes, calabacines, brócoli, nabos, berzas, coles rizadas, espinacas, alcachofas, judías verdes, habas, boniatos	Ricas fuentes de potasio, magnesio y fibra
Frutas	4-5	Media fruta; ¼ taza de fruta seca; ½ taza de fruta fresca, congelada o en conserva; 150 ml de zumo de frutas	Albaricoques, plátanos, dátiles, uvas, naranjas, zumo de naranja, pomelos, mangos, melones, melocotones, piñas, ciruelas pasas, uvas pasas, fresas, tangerinas	Importantes fuentes de potasio, magnesio y fibra
Alimentos semidesnatados o desnatados	2-3	200 ml de leche, 1 yogur, 40 g de queso	Leche desnatada o semidesnatada. yogur desnatado o semidesnatado, helado, queso desnatado o semidesnatado	Importantes fuentes de calcio y proteína
Carne roja, aves y pescado	2 o menos	80 g de carne roja, ave o pescado cocido	Cortes magros desprovistos de toda la grasa visible preparados a la parrilla, asados o hervidos; carne de ave, sin piel	Ricas fuentes de proteína y magnesio

Tabla 6.2 (Continuación)

Grupo de alimentos	Ración diaria	Tamaño de la ración	Ejemplos y notas	Significado del plan DASH
Frutos secos, semillas y judías secas	4-5 a la semana	⅓ taza de frutos secos, dos cucharaditas de semillas, ½ taza de judías secas cocidas	Almendras, frutos secos variados, semillas de girasol, habas, lentejas	Ricas fuentes de energía, magnesio, potasio, proteína y fibra
Grasas y aceites**	2-3	Una cucharada de margarina, una cucharada de mayonesa de bajo contenido graso, dos cucharaditas de aliño para ensalada ligero, una cucharada de aceite vegetal	Margarina, mayonesa de bajo contenido graso, aliño para ensalada ligero, aceite vegetal (oliva, maíz, canola o azafrán)	La dieta DASH incluye un 27% de calorías en forma de grasa, incluyendo la que se encuentra presente en los alimentos o ha sido añadida con posterioridad
Dulces	5	Una cucharadita de azúcar, una cucharadita de jalea o mermelada, 145 g de gominolas, 225 g de limonada	Sirope de arce, azúcar, jalea, mermelada, gelatina con sabor a fruta, gominolas, caramelos, refrescos de fruta, sorbetes, helados	Los dulces deberían presentar un bajo contenido en grasa

* Equivale de media taza a una taza y cuarto, dependiendo del tipo de cereal. Comprueba la información nutricional en la etiqueta de los productos.

** El contenido en grasa modifica el número de raciones de grasas y aceites; por ejemplo, una cucharadita de aliño para ensalada normal equivale a una ración; una cucharadita de un aliño bajo en grasa equivale a media ración; y una cucharadita de un aliño sin grasa equivale a 0 ración.

Del National Heart, Lung and Blood Institute (Instituto Nacional del Corazón, los Pulmones y la Sangre), una sección del Departamento Norteamericano de Salud y Servicios Humanos.
http://www.nhlbi.nih.gov/health/public/heart/hbp/dash/new_dash.pdf

La dieta mediterránea

La incidencia de cardiopatías entre los habitantes mediterráneos es muy inferior a la que se observa en muchas otras zonas del mundo. En gran medida, este contraste se ha atribuido a lo que se conoce como dieta mediterránea. Son al menos dieciséis los países que limitan con el mar Mediterráneo y que, con sus diferencias culturales, étnicas, religiosas, económicas y agrícolas, aportan su individualidad a la dieta. Lo más notable es que estos distintos grupos cuentan con patrones de alimentación que varían entre países, o incluso entre regiones de un mismo territorio. Pero a pesar de dichas distinciones culturales y dietéticas, y del hecho de que no existe un único modelo de dieta mediterránea, sus patrones muestran ciertas características en común:

- Se consumen grandes cantidades de fruta, verdura, pan y otros cereales, patatas, judías, frutos secos y semillas.
- Se utiliza el aceite de oliva como principal fuente de grasa monoinsaturada.
- Se toman productos lácteos, pescado y ave en cantidades bajas a moderadas, y poca carne roja.
- No se toman huevos más de cuatro veces a la semana.
- Se consume vino tinto en cantidades bajas a moderadas.

La dieta mediterránea contiene pautas similares a las de la dieta CTHV. En general, las dietas de los pueblos mediterráneos contienen un porcentaje relativamente elevado de calorías provenientes de la grasa, posiblemente una de las razones por las que los índices de obesidad son cada vez mayores en esos territorios. Sin embargo, quienes siguen la dieta mediterránea estándar toman menos grasa saturada que las personas que siguen la dieta norteamericana habitual. De hecho, el consumo de grasa saturada en la dieta mediterránea coincide con las pautas dietéticas de la CTHV. Más de la mitad de las calorías de la grasa en una dieta mediterránea proviene de la grasa monoinsaturada (principalmente del aceite de oliva), pero la diferencia radica en que el consumo de grasa monoinsaturada no eleva los niveles de colesterol en sangre como lo hace la grasa saturada. En la tabla 6.3 encontrarás un resumen de las recomendaciones de la dieta mediterránea.

Tabla 6.3 Recomendaciones para la dieta mediterránea

Frecuencia	Diariamente	Semanalmente	Mensualmente
Alimentos (en orden de cantidad relativa; véase nota).	Pan, pasta, arroz, cuscús, polenta, otros cereales integrales, patatas. Fruta. Judías, legumbres, frutos secos. Verduras. Aceite de oliva. Queso, yogur.	Pescado. Aves de corral. Huevos. Dulces.	Carne.

Creado a partir de información incluida en la pirámide de la dieta mediterránea, de Willet *et al.* (1995): «Mediterranean diet pyramid: A cultural model for healthy Living», *American Journal of Clinical Nutrition* 61:1402S-1406S. Los alimentos han sido listados según el lugar que ocupan en la pirámide, de abajo hacia arriba. Por ejemplo, los panes, la pasta, el arroz, etc. se sitúan en la zona más ancha de la pirámide, mientras que el queso y el yogur ocupan la parte más estrecha.

Cómo superar las barreras que podrían dificultar la aplicación de cambios en la dieta

Ya hemos hablado de las barreras que nos impiden cambiar nuestro comportamiento. Así como existen barreras para comenzar y mantener un programa regular de ejercicios y actividad física, nos encontramos con otras que nos impiden aplicar cambios a nuestra dieta. Aquí te ofrecemos algunas ideas a las que podrás recurrir cuando comiences a adquirir hábitos alimentarios saludables para tu corazón.

- *Come sólo lo que necesitas*. Recuerda poner en práctica la técnica del «alejamiento» y reducir el tamaño de las raciones. Al disminuir el número total de calorías que consumes, estarás iniciando un cambio en tu estilo de vida que podrá ayudarte a bajar de peso y a reducir tus niveles de colesterol en sangre.
- *Comer fuera*. Si sales a comer fuera, pide un menú que favorezca el cuidado de tu corazón, y no olvides tomar porciones razonables. Pue-

des reducir tu consumo calórico evitando comer todo lo que te sirven, o dividiendo la porción por la mitad y llevándote el resto a casa, para tomarlo en otro momento.

- *Come lentamente*. Al comer de forma lenta concedes más tiempo al cerebro para que reconozca todo lo que has ingerido y determine hasta qué punto tu estómago está lleno. Esta técnica se complementa perfectamente con la del «alejamiento».

- *Lleva un registro de lo que comes*. Muchas personas descubren que saber lo que comen les ayuda a reducir la cantidad de alimentos que consumen. Registra, entonces, todo lo que comes durante varios días, y luego revisa la información para desarrollar estrategias que te permitan intercambiar algunos alimentos por otros, y eliminar por completo los más perjudiciales. Registra periódicamente lo que comes y reafirma tus hábitos alimentarios. Sería un buen momento para visitar a un dietista y solicitarle asesoramiento.

Por último, es posible que frente a ciertas situaciones recaigas en tus viejos hábitos. Pero incumplir las recomendaciones dietéticas en una sola ocasión no significa haber anulado la posibilidad de cambiar de comportamiento. Si sigues una dieta sana para el corazón en todo momento, no te hará daño volver a tus antiguas costumbres ocasionalmente; pero en ningún caso permitas que esa «única vez» te conduzca a una serie de comportamientos negativos también «únicos». Por el contrario, debes considerar cada situación como un reto irrepetible. Encuentra el modo de aprovechar al máximo las circunstancias y superar los obstáculos mientras desarrollas y mantienes un comportamiento sano para tu corazón. Si te sales del camino, regresa lo antes posible.

El apéndice que aparece a final del libro contiene varias recetas de platos que siguen los principios de la alimentación sana. Puedes utilizarlas para planificar tus comidas e incluso variarlas ligeramente con el fin de que se adapten a tu gusto personal.

Resumen

Desarrollar hábitos alimentarios saludables es tan importante como incorporar hábitos regulares de ejercicio, puesto que ambos factores afectan al colesterol en sangre. Para perder peso y disminuir tus niveles de cLDL, triglicéridos y colesterol en sangre, debes seguir las recomendaciones del

NCEP y comer fruta fresca, verdura, frutos secos (en especial nueces y almendras) y menos grasa saturada; tomar productos lácteos en proporciones reducidas a moderadas, y reducir tu consumo calórico.

PLAN DE ACCIÓN

Sigue una dieta sana que proteja la salud de tu corazón

❖ Identifica las principales tendencias alimentarias occidentales y conoce los aspectos negativos de estos hábitos.
❖ Comprende la relación entre el comportamiento nutricional y las enfermedades, como las cardiopatías.
❖ Familiarízate con los nutrientes esenciales de los carbohidratos, las proteínas, la fibra y la grasa de la dieta; con los alimentos que representan fuentes importantes de estos nutrientes, y con los niveles recomendados de cada nutriente.
❖ Identifica estrategias que te permitan alterar tus hábitos alimentarios actuales y así conseguir un menor consumo de grasas saturadas y trans, y una mayor ingesta de verdura y fruta fresca. Cuentas con varias opciones, entre las que destacan:
  • el programa Cinco al Día;
  • los cambios terapéuticos de los hábitos de vida (CTHV)
  • la dieta DASH, y
  • la dieta mediterránea.
❖ Identifica y supera aquellas barreras que te impiden cambiar y desarrollar planes alimentarios favorables para tu salud.

CAPÍTULO 7

Elige la medicación más adecuada para reducir el colesterol

La incidencia de cardiopatías y muertes relacionadas con éstas se reduce en cuanto los individuos que presentan elevados niveles de colesterol en sangre siguen las recomendaciones adecuadas en términos de ejercicio, dieta y medicación. El ejercicio y los cambios en la dieta y los hábitos de vida son fundamentales, y deberías agotar todos los recursos para hacerlos realidad porque a través de ellos puedes afectar positivamente a tu colesterol y lipoproteínas. El primer curso de acción para reducir tus niveles de colesterol en sangre y cLDL consiste en comenzar un programa de ejercicios y una dieta que cuide tu corazón. Estas medidas resultan eficaces en la mayoría de las personas, que consiguen así que su colesterol se acerque a niveles aceptables.

Sin embargo, y a pesar de lo mucho que cada individuo se esfuerce, en ocasiones el ejercicio, la dieta y los programas para perder peso no son suficientes para bajar sus niveles de colesterol en sangre. Y, por desgracia, a pesar de que modificar la forma de vida influye positivamente sobre el nivel de colesterol, dichos cambios por sí solos no son los únicos factores que afectan al colesterol en sangre. En algunos individuos, su hígado simplemente produce demasiado colesterol. Si éste es el caso, una dieta sana para el corazón complementada con una mayor actividad física y ejercicio planificado aporta muchos beneficios para la salud y debería ser mantenida en cualquier caso; pero sin la ayuda de medicación que permita bajar el nivel de lípidos, el colesterol en sangre no alcanzará niveles deseables.

Si tu colesterol en sangre y cLDL continúan elevados después de tres a seis meses de haber comenzado un programa de ejercicios y haber modificado terapéuticamente tu dieta; si estás genéticamente predispuesto a tener el colesterol alto, o si te cuesta bajar de peso, existen muchos medicamentos que permiten controlar el colesterol. Y el hecho de que tu médico te recete estos productos no significa que hayas fallado, sino simplemente que necesitas un poco más de ayuda para cumplir con los objetivos que te has planteado en relación con el colesterol.

Comenzar un tratamiento farmacológico para bajar los lípidos no implica que tengas que volver a tu antiguo estilo de vida. Si continúas respetando los parámetros de una dieta sana para el corazón y haces mucho ejercicio, tu médico seguramente te prescribirá la dosis más baja posible de medicamentos. De hecho, la mayoría de las personas que únicamente toman medicamentos para bajar su colesterol no consiguen cumplir con dicho objetivo. En efecto, tendrás muchas más probabilidades de disminuir tus niveles de colesterol en sangre y cLDL si te ejercitas con regularidad, sigues una dieta saludable para tu corazón y tomas tus medicamentos.

Seguir un tratamiento farmacológico para reducir los lípidos puede disminuir en gran medida el riesgo de sufrir un ataque cardíaco o de necesitar una cirugía de bypass, aunque la terapia farmacológica debe continuar durante al menos un año antes de que se observe una disminución sustancial en el riesgo de muerte o enfermedad derivada de alguna cardiopatía. Lo que quizá no hayas advertido es que una vez que comienzas a tomar medicación para bajar los lípidos, estás obligado a utilizarla durante el resto de tu vida. En efecto, cuando dejas de tomar los medicamentos, los niveles de colesterol regresan a los parámetros previos al tratamiento.

El NCEP ha desarrollado recomendaciones sobre terapias reductoras de lípidos que se basan, principalmente, en las concentraciones de cLDL (véase tabla 7.1). Las medicaciones para reducir los lípidos, combinadas con una mayor actividad física y una dieta saludable para el corazón, optimizan los niveles de colesterol total, cLDL y cHDL, si bien la medicación continúa siendo el componente fundamental del descenso en los valores de lípidos en sangre.

Medicamentos reductores de lípidos

Para aquellos individuos genéticamente predispuestos a mantener niveles altos de colesterol en sangre, que no consiguen bajar de peso o que no han logrado modificar sus dietas ni comenzar un programa de ejercicios, existen numerosas terapias farmacológicas. Algunos de estos medicamentos, cuya

Tabla 7.1 Objetivos para el cLDL en la terapia farmacológica

Objetivo LDL	Nivel inicial de LDL para cambio en hábitos de vida	Consideración de tratamiento farmacológico
<100 mg/dl	>100 mg/dl	>130 mg/dl (100 a 129 mg/dl: fármaco opcional)*
<130 mg/dl	>130 mg/dl	>130 mg/dl
<160 mg/dl	>160 mg/dl	>190 mg/dl (160 a 189 mg/dl: fármaco para disminuir LDL opcional)

* Algunas autoridades recomiendan el uso de medicación para disminuir el nivel de LDL en esta categoría si no es posible conseguir un cLDL <100 mg/dl mediante la introducción de cambios en los hábitos de vida. Otros prefieren utilizar fármacos que principalmente modifican los niveles de TG y cHDL (ácido nicotínico o ácido fíbrico).

Información extraída del Instituto Norteamericano del Corazón, los Pulmones y la Sangre, y los Institutos Nacionales de la Salud (NIH), una sección del Departamento Norteamericano de Salud y Servicios Humanos.

finalidad es disminuir el nivel de lípidos, llevan varios años en uso, en tanto que otros relativamente nuevos también han demostrado una alta eficacia en el control de la hipercolesterolemia (véase tabla 7.2).

Los medicamentos reductores del colesterol actúan de distintas maneras. Un tipo de fármaco, llamados *inhibidores de la 3-hidroxi-3-metilglutaril coenzima A reductasa* (inhibidores de la HMG CoA reductasa), o *estatinas*, modifican los valores de colesterol en sangre reduciendo la cantidad de colesterol producido por el hígado. Varias otras clases de fármacos reducen la cantidad de colesterol absorbido por el intestino delgado. Por ejemplo, los *secuestradores de ácidos biliares* reducen la cantidad de colesterol absorbido desde los ácidos biliares intestinales. Los *inhibidores de la absorción de colesterol* (una nueva clase de medicamentos para reducir el colesterol) minimizan la absorción del colesterol y la grasa proveniente de la dieta. Otros de los fármacos que recortan los valores de lípidos son los *derivados del ácido fíbrico*, que incrementan la acción de una enzima llamada lipoproteína lipasa (que descompone las partículas de triglicéridos que aparecen en las paredes de los vasos sanguíneos del sistema cardiovascular) e incrementan la excreción del colesterol en forma de bilis.

Tabla 7.2 Medicamentos reductores de lípidos

Tipo de fármaco	Nombre genérico
Medicamentos para el colesterol en sangre y el cLDL	
Inhibidor de la HMG-CoA reductasa	Atorvastatina Fluvastatina Lovastatina Pravastatina Simvastatina Rosuvastatina Lovastatina + niacina
Inhibidores de la absorción del colesterol	Ezetimiba Ezetimiba + simvastatina
Secuestradores de ácidos biliares	Colestiramina Colesevelam Colestipol
Ácido nicotínico	Niacina
Medicamentos para reducir los triglicéridos	
Ácido fíbrico	Clofibrato Gemfibrocilo Fenofibrato
Ácido nicotínico	Niacina

Adaptado, con permiso, de la Universidad Norteamericana de Medicina Deportiva (2005): *ACSM's guidelines for exercise testing and prescription,* 7.ª edición, Baltimore, MD: Lippincott Williams & Wilkins, 258-259.

Efectos secundarios de los medicamentos reductores de lípidos

Los efectos secundarios siempre son preocupantes, pero los medicamentos reductores de lípidos son en general muy seguros. De todas maneras, es importante que comprendas los posibles efectos adversos de cualquiera de los fármacos que tomes. Una de sus posibles acciones no deseadas es la lesión o toxicidad hepática, pero rara vez se convierte en un problema serio. El hígado es uno de los pocos órganos del cuerpo que puede repararse a sí mismo cuando la lesión se detecta en sus etapas iniciales. Así que con un cuidadoso control del funcionamiento hepático a través de simples análisis de sangre es raro que la medicación para reducir el colesterol provoque alguna complicación irreversible. Antes de comenzar cualquier tratamiento con estas sustancias, deberías someterte a una analítica de sangre para comprobar el funcionamiento de tu hígado. Esta prueba suele repetirse seis semanas más tarde, y de ahí en adelante cada tres a seis meses. La toxicidad hepática, que suele aparecer acompañada de náuseas, fatiga y malestar abdominal, puede revertirse mediante la suspensión del medicamento durante varios días. En algunas circunstancias es posible retomar la medicación a dosis más bajas. De todas formas, la mejor estrategia para prevenir o reducir los efectos secundarios es la planificación de revisiones médicas de control a intervalos regulares. Estas visitas son importantes porque reducen la probabilidad de que surjan complicaciones a largo plazo a partir de los medicamentos.

Otros efectos secundarios bastante comunes entre los medicamentos reductores de lípidos son el dolor y las molestias musculares, posiblemente relacionados con la *rabdomiólisis*. La rabdomiólisis es una enfermedad en la que las células musculares se descomponen y liberan compuestos como la mioglobina (una proteína muscular) en el torrente sanguíneo. Los riñones filtran la mioglobina y los otros elementos hacia el exterior del cuerpo, pero cuando en la sangre se observan grandes cantidades de dichos compuestos los riñones no consiguen procesarlos. Esta incapacidad para procesar el exceso de compuestos acaba produciendo una insuficiencia renal, que conduce a la muerte. En casos muy excepcionales el uso de estatina ha provocado rabdomiólisis y muerte (Hammer, 2003).

Asociado a la rabdomiólisis aparece un cuadro de aumento de una sustancia de la sangre conocida como *creatina fosfoquinasa* (CPK). Esta sustancia es liberada por los tejidos que se encuentran en pleno proceso de descomposición de la proteína muscular. La CPK también es liberada después de una ejercitación muy intensa. Cuanto más ejercicio se realiza, es posible que se produzcan más liberaciones de CPK con un mayor incremento de dicha sustancia en la sangre, lo cual puede aumentar el dolor muscular y el malestar. El problema es que, en ocasiones, tanto los medicamentos que disminuyen los niveles de lípidos como el ejercicio pueden causar la descomposición de la proteína muscular, y los únicos signos de advertencia son el dolor constante y las molestias musculares. Si estás tomando una estatina y sufres dolor muscular constante, contacta con tu médico de inmediato. Aunque estés siguiendo un programa de ejercicios y creas que el dolor muscular es producto del entrenamiento, habla con tu médico para que te someta a pruebas de control.

Muchos pacientes con cardiopatías se someten a una rehabilitación cardíaca, pero sólo unos pocos en tales circunstancias pueden experimentar rabdomiólisis con el uso de estatinas. También es posible que estén practicando ejercicios muy agotadores y crean que el entrenamiento es responsable del dolor o las molestias musculares, cuando es mucho más probable que la causa sea la rabdomiólisis. Si percibes cualquier dolor o molestia muscular poco habitual, tienes que comunicárselo a tu médico sin demora. Ninguna otra medicación reductora de los niveles de lípidos presenta efectos secundarios con implicaciones tan directas para los pacientes cardíacos que participan en programas de ejercicios.

La rabdomiólisis también puede tener lugar cuando se utiliza una estatina en combinación con otros agentes, como los derivados del ácido fíbrico, la niacina, la ciclosporina, ciertos antibióticos y los derivados fíbricos. Una vez más, los medicamentos que bajan los niveles del colesterol, como cualquier otro fármaco, tienen efectos secundarios entre leves a graves, dependiendo del individuo. Algunos de los medicamentos reductores de lípidos también pueden interactuar de forma adversa con otras drogas. Por consiguiente, deberías mantener un registro preciso y actualizado de todos los medicamentos que estés tomando, y repasar la lista cada vez que visites a tu médico.

Un importante número de medicamentos reductores de lípidos puede causar molestias musculares, dolor abdominal y estreñimiento. La niacina puede provocar dolores de cabeza y picor en la piel. Los secuestradores de ácidos biliares tienen efectos secundarios similares a las estatinas, es decir, molestias estomacales y estreñimiento. Tu médico podrá determinar qué medicamento conseguirá disminuir adecuadamente tu colesterol sin que padezcas excesivos efectos secundarios.

Interacción entre medicamentos, alimentos y ejercicio

La dieta y el ejercicio son las claves fundamentales de una vida sana. Pero en algunos casos, la interacción entre los alimentos, el ejercicio y los medicamentos puede empeorar los efectos secundarios del fármaco. Por ejemplo, la uva siempre ha sido reconocida por sus propiedades para favorecer la pérdida de peso, pero lo cierto es que puede interactuar con los medicamentos para la presión arterial y causar diarrea, enrojecimiento del rostro, mareos, confusión, ritmo cardíaco irregular y palpitaciones. Por otra parte, puede intensificar también los efectos positivos de los medicamentos, como en el caso de las estatinas. Comer uvas después de tomar estatinas consigue que estas últimas reduzcan aún más el colesterol.

El ejercicio puede tener similares efectos positivos y negativos. Por ejemplo, se cree que el ejercicio aeróbico actúa positivamente sobre los medicamentos que controlan la hipertensión. Y por otro lado, los pacientes que toman estatinas para bajar el colesterol se quejan de dolor muscular no específico, sensibilidad, debilidad, dolores articulares y síntomas similares a los del lupus, todos ellos característicos de la rabdomiólisis, un problema poco habitual pero grave que puede derivar del uso de estas sustancias (Hammer, 2003), como ya hemos explicado. Es posible que el ejercicio de alta intensidad interactúe con las estatinas incrementando los efectos adversos de la rabdomiólisis, lo cual supone una grave interacción negativa con la medicación.

Clases de medicamentos

Algunos medicamentos para bajar el colesterol reducen los niveles de colesterol en sangre y cLDL, mientras que otros sólo actúan sobre los niveles de triglicéridos. En general, la mayoría de los medicamentos que reducen los niveles de colesterol en sangre y cLDL y triglicéridos también mejoran el cHDL (véase tabla 7.3). Además, en la actualidad se están aplicando varias drogas nuevas, y en Europa se comercializan diversos fármacos debidamente probados que disminuyen los niveles de lípidos. En poco tiempo estarán también disponibles en Estados Unidos.

Otra práctica médica bastante habitual es la prescripción simultánea de varios fármacos reductores de lípidos. Este método puede causar reducciones sustanciales en los niveles de colesterol en sangre y cLDL, e incrementar los de cHDL reduciendo costes y efectos secundarios. Por todas estas razones, esta estrategia se convierte en una alternativa satisfactoria. Sin embargo, algunas combinaciones de medicamentos reductores de lípidos deberían ser evitadas. Por ejemplo, no es recomendable combinar estatinas y derivados del ácido fíbrico.

Inhibidores de la HMG-CoA reductasa

Los inhibidores de la HMG-CoA reductasa, o estatinas, suelen ser escogidos como la primera medicación reductora de lípidos porque resultan sumamente eficaces y actúan en casi todas las circunstancias. Las estatinas re-

Tabla 7.3 Medicamentos reductores de lípidos y su acción, seguimiento y efecto

Nombre	Modo de acción	Seguimiento	Efecto
Inhibidores de la HMG-CoA reductasa	Específicamente bloquean la enzima hepática HMG-CoA reductasa, un regulador de la producción de colesterol.	Analíticas para comprobar el perfil del colesterol y el funcionamiento hepático a las 6 y 12 semanas del inicio del tratamiento, y luego cada seis meses.	Reducen los niveles de colesterol total y cLDL, provocan una pequeña reducción en los TG e incrementan ligeramente el cHDL.
Inhibidores de la absorción del colesterol	Los compuestos reductores de lípidos inhiben selectivamente la absorción intestinal de colesterol y fitosteroles relacionados.	No se requiere ninguna prueba del funcionamiento hepático, a menos que se utilicen en combinación con una estatina, en cuyo caso deben seguirse las recomendaciones pertinentes a estas sustancias.	Disminuyen los TG, el colesterol en plasma y el cLDL, provocando incrementos en el cHDL (se está recopilando más información al respecto).
Secuestradores de ácidos biliares	Se unen a los ácidos biliares (compuestos de colesterol) en el intestino, para favorecer su excreción a través de las heces.	No es necesario ningún seguimiento.	Incrementan la presencia de receptores especiales de las células hepáticas. que eliminan el LDL. Reducen el cLDL entre el 15 y el 30%.
Niacina	Disminuye la producción de partículas de VLDL por parte del hígado.	Análisis de sangre para evaluar la respuesta del colesterol, el funcionamiento hepático, el azúcar en sangre y el ácido úrico.	Disminuye los TG (30 a 40%) y el cLDL (15 a 30%), e incrementa el cHDL (15 a 25%).
Ácido fíbrico	Incrementa la actividad de la lipoproteína lipasa (rompe las partículas ricas en triglicéridos) y la cantidad de colesterol excretado en la bilis. Al parecer ralentiza la producción de TG en las células hepáticas.	Análisis de función hepática y recuento completo de sangre a las 6 semanas de comenzar la medicación, y entre 6 y 12 meses después.	Disminuye los TG entre el 25 y el 60%, y eleva el cHDL entre el 15 y el 25%.

Adaptado, con permiso, de S. Roach (2005): *Pharmacology for health professionals,* Filadelfia, PA: Lippincott Williams & Wilkins, 244-254.

ducen la producción de colesterol por parte del hígado, lo que causa un incremento en los receptores de LDL en la mayoría de las células del cuerpo. Su efecto combinado consiste en la disminución del colesterol en sangre y el cLDL. Además, se ha demostrado que los inhibidores de la HMG-CoA reductasa disminuyen la incidencia de un primer ataque cardíaco, así como la posibilidad de sufrir un segundo. En la actualidad, en Estados Unidos se comercializan seis estatinas: atorvastatina, cervistatina, fluvastatina, lovastatina, pravastatina y simvastatina. Pero se están desarrollando estatinas más fuertes con menores efectos secundarios, que deberían estar disponibles en los próximos años. Las estatinas actuales son capaces de reducir el cLDL entre un 20 y un 60 por 100, y de disminuir los niveles de triglicéridos en sangre hasta en un 40 por 100; así mismo, se ha comprobado que incrementan el cHDL entre un 6 y un 10 por 100.

Las estatinas presentan relativamente pocos efectos secundarios. Algunos pacientes experimentan malestar estomacal, flatulencia, estreñimiento y dolor o calambres abdominales. Estos síntomas suelen ser de intensidad leve a moderada, y desaparecen en cuanto el organismo se adapta al fármaco. En muy pocos casos se detectan anomalías en las analíticas. Los dolores y molestias musculares también figuran entre los posibles efectos secundarios, pero son muy poco frecuentes. Si presentas síntomas como molestias musculares, dolor, debilidad general o fatiga, u observas que tu orina ha perdido color, ponte en contacto con tu médico de inmediato para que te someta a más pruebas de control.

Inhibidores de la absorción de colesterol

La droga ezetimiba es la primera de una nueva clase de agentes reductores de lípidos conocidos como inhibidores de la absorción de colesterol. Este tipo de fármacos actúa inhibiendo selectivamente la absorción de colesterol (proveniente tanto de los ácidos biliares como de la dieta) por parte del intestino delgado. Dicha absorción restringida disminuye el suministro de colesterol intestinal que recibe el hígado, y esto provoca que el órgano consuma sus propias reservas de colesterol y mejore la eliminación de dicha sustancia desde la sangre. A su vez, este procedimiento complementa el proceso que llevan a cabo los inhibidores de la HMG-CoA reductasa. La información actual sugiere que la ezetimiba no afecta a la absorción de las vitaminas solubles en grasa, como las vitaminas A y D, ni interfiere en la producción de hormonas esteroideas. Las reducciones de los niveles de colesterol en sangre y cLDL como resultado de la ezetimiba oscilan entre el 15 y el 25 por 100.

La FDA aprueba el uso de ezetimiba con estatinas, pero no con otros medicamentos reductores de lípidos. Cuando es utilizada en combinación con una estatina, la producción de colesterol en el hígado queda bloqueada por las reducciones en la enzima HMG-CoA reductasa (debidas a la estatina) y la absorción de colesterol desde el intestino. Se ha informado de pocos efectos adversos, pero entre ellos cabe mencionar dolor de estómago, diarrea, fatiga y en casos poco frecuentes reacciones alérgicas que requieren tratamiento inmediato, incluyendo hinchazón en el rostro, los labios, la lengua y la garganta que podrían provocar dificultades para respirar y tragar, erupciones, dolores musculares, alteraciones en algunas analíticas de sangre, etc. Cuando la ezetimiba *no* es utilizada junto con una estatina, no suele ser necesario realizar pruebas de control. Sin embargo, una vez que ezetimiba y estatina se combinan, deberían seguirse las pautas de control aplicables al uso de estatinas.

Secuestradores de ácidos biliares

Los medicamentos clasificados como secuestradores de ácidos biliares son recetados en forma de resina en polvo que se presenta en comprimidos o bien se puede disolver en líquido. Los comprimidos no suelen ser efectivos a menos que se tomen varios. Los secuestradores de ácidos biliares inhiben la reabsorción del ácido biliar desde los intestinos y también reducen el transporte de ácido biliar al hígado. Y la pérdida de bilis intestinal se traduce en menores niveles de colesterol en sangre y cLDL. Los secuestradores de ácidos biliares resultan más efectivos cuando se los ingiere con una comida grasa, debido a que la grasa de la dieta incrementa la producción de bilis. Los principales efectos secundarios de esta medicación son el estreñimiento, la inflamación y la flatulencia. Los secuestradores de ácidos biliares también dificultan la absorción de las vitaminas solubles en grasa y otros medicamentos. En la actualidad se están desarrollando nuevas formas de esta droga que no dificultan la absorción de vitaminas ni de otros medicamentos.

Los secuestradores de ácidos biliares no suelen ser recetados como único medicamento para disminuir el colesterol, en especial si la persona presenta un elevado nivel de triglicéridos o cuenta con un historial de estreñimiento grave. A pesar de que estos fármacos no son absorbidos, dificultan la absorción de otros medicamentos si unos y otros son administrados de forma simultánea. Por este motivo, cuando resulte imprescindible recurrir a otros preparados, lo más recomendable será hacerlo una hora antes de ingerir la resina de ácido biliar, o entre cuatro y seis horas después. Habla con tu médico sobre el mejor momento para tomar estas drogas si también debes tratarte con otros medicamentos. Además, los secuestradores de ácidos biliares suelen incrementar los niveles de triglicéridos en sangre, aunque este efecto puede ser minimizado mediante la práctica de ejercicio aeróbico.

Derivados del ácido fíbrico

Los derivados del ácido fíbrico disminuyen los niveles elevados de triglicéridos, y en la actualidad en Estados Unidos es posible disponer de gemfibrocilo, clofibrato y fenofibrato. Los derivados del ácido fíbrico son capaces de incrementar ligeramente los niveles de cLDL en pacientes que presentan un perfil de triglicéridos muy elevado; y la razón de este ligero aumento en el cLDL es que el ácido fíbrico aumenta la actividad de la lipoproteína lipasa (LPL), que facilita la conversión de las partículas de VLDL en partículas de LDL. Los ácidos fíbricos deberían ser utilizados con extrema precaución si la persona está tomando una estatina, ya que su combinación podría producir rabdomiólisis. Si padeces un trastorno de lípidos que exige este tipo de combinación de fármacos, deberías pedir a tu médico que te ayude a encontrar una clínica especializada en lípidos para poder controlar correctamente tu enfermedad.

Las personas que toman ácido fíbrico suelen sufrir algunos efectos secundarios, entre los que destacan los trastornos gastrointestinales. Al parecer, los fibratos también incrementan las probabilidades de desarrollar cálculos de colesterol, además de potenciar el efecto de medicamentos como la warfarina, que diluyen la sangre.

Niacina o ácido nicotínico

La niacina o ácido nicotínico resulta extremadamente conveniente para los pacientes con niveles bajos de cHDL, y a la hora de elevar el cHDL en sangre y reducir los niveles de triglicéridos y cLDL actúa con más eficacia que cualquiera de los demás agentes reductores del lípidos. Otra de las acciones de la niacina es que limita la descomposición de los lípidos de las células grasas, un proceso conocido como lipólisis. La reducción de la lipólisis restringe la cantidad de ácidos grasos libres en la sangre, y los ácidos grasos reducidos limitan la capacidad hepática para producir triglicéridos. Es esta reducción en el ácido graso de la sangre la que provoca la caída de los niveles de triglicéridos. Debido a que la lipólisis se incrementa durante los períodos de ayuno (como el que tiene lugar durante la noche), la dosis más importante de niacina debe ser la de la hora de dormir. Existen fórmulas de niacina de liberación sostenida que se administran únicamente por la noche.

Un frecuente y complicado efecto secundario del ácido nicotínico es la aparición de rubor cutáneo y sofocos, que se producen porque la niacina favorece la apertura de los vasos sanguíneos. La mayoría de las personas se adaptan al rubor, pero algunas tienen que tomar la niacina durante o después de las comidas para que el rubor disminuya, o bien recurrir a la aspirina u otra medicación similar recetada por su médico. La niacina de acción prolongada o liberación lenta suele causar menor rubor que las demás formas de este fármaco.

Si estás tomando medicamentos para la hipertensión, la niacina puede reforzar su acción y disminuir la presión sanguínea todavía más. Deberías controlarte hasta que te acostumbres a tu régimen de tratamiento. La prescripción de niacina de acción prolongada o liberación lenta puede minimizar este cuadro.

Como resultado del uso de ácido nicotínico se han observado diversos síntomas gastrointestinales, que incluyen náuseas, indigestión, flatulencia, vómitos, diarrea y la activación de úlceras pépticas. Otros tres importantes efectos adversos son los problemas de hígado, la gota y la presencia de elevados niveles de azúcar en sangre. El riesgo de estos últimos tres efectos se potencia a medida que aumenta la dosis de ácido nicotínico. Debido al efecto de la niacina sobre los niveles de azúcar en sangre, es posible que tu médico no te recete este medicamento si eres diabético. Todos los individuos tratados con niacina deberían someterse a pruebas de control de su funcionamiento hepático al menos cada cuatro meses, porque esta sustancia puede producir hepatitis reversible, activar la gota y las úlceras pépticas y provocar *intolerancia a la glucosa*. La hepatitis es más frecuente con la niacina de liberación sostenida, pero puede desarrollarse a partir de ambas formas. Los pacientes deberían dejar de tomar la medicación y ponerse en contacto con su médico si sufren náuseas o vómitos frecuentes, pérdida inesperada de peso u otros posibles signos de hepatitis.

Medicamentos no reductores de lípidos

Algunos medicamentos no reductores de lípidos utilizados para tratar otros cuadros médicos también pueden afectar a los niveles de lípidos y lipoproteínas en sangre. Entre estos otros medicamentos figuran los beta antagonistas (betabloqueadores), los diuréticos a base de tiazida, los agentes

Procura hablar con tu médico sobre las posibles interacciones entre tu medicación y la práctica de ejercicio.

hiperglucémicos orales, la insulina, el estrógeno y la progesterona. Si estás tomando estos medicamentos y tu médico te receta un fármaco reductor de lípidos, habla con él sobre las posibles interacciones entre ellos.

Se ha demostrado que la aspirina, una droga que durante siglos ha sido utilizada para aliviar el dolor y reducir la fiebre, reduce el riesgo de futuros ataques cardíacos en pacientes que ya han sufrido alguno. En efecto, la aspirina disminuye la agregación de las plaquetas (las células que provocan la coagulación de la sangre) para que no se formen coágulos con tanta facilidad. Después de una cirugía de bypass, los pacientes tratados con aspirina experimentan menos obstrucciones prematuras de los vasos sanguíneos recién injertados en el corazón. La aspirina también reduce algunos de los efectos secundarios de la niacina.

Los betabloqueadores pueden incrementar las concentraciones de triglicéridos en sangre y reducir los niveles de cHDL, excepto aquellos que contienen acciones simpatomiméticas intrínsecas. La tiazida se utiliza como diurético y puede incrementar el colesterol total en plasma, además del cVLDL, el cLDL y los triglicéridos, sin afectar a la concentración de cHDL. Los agentes hipoglucémicos orales o la terapia con insulina reducen los niveles de triglicéridos en sangre e incrementan los niveles de cHDL en aquellos diabéticos que no controlan su glucosa en sangre. Estos beneficios son secundarios a la mejoría del nivel de glucosa en sangre. La levotiroxina aumenta la actividad del receptor hepático de LDL y por consiguiente disminuye el cLDL en sangre en las personas que padecen hipotiroidismo. Esta medicación puede aumentar el ritmo cardíaco y la presión sanguínea, así como provocar disritmias cardíacas o causar angina en pacientes afectados de cardiopatías. Los anticonceptivos orales tienden a incrementar el colesterol en sangre dependiendo de la proporción estrógeno-progesterona. El estrógeno suele aumentar el cHDL en sangre y los niveles de triglicéridos VLDL, en especial en las mujeres postmenopáusicas, mientras que la progesterona disminuye los triglicéridos en sangre y los niveles de cHDL.

Resumen

A pesar de que las intervenciones terapéuticas sobre los hábitos de vida —como la programación de ejercicios, una dieta saludable para el corazón y la pérdida de peso— pueden aportar beneficios positivos como reducir el colesterol en sangre y el cLDL, la principal terapia para recortar los niveles de colesterol en sangre y cLDL es la medicación. Si te diagnostican hipercolesterolemia, deberías intentar cambiar tu estilo de vida (es decir, aplicar las intervenciones terapéuticas) antes de comenzar un programa de medicación reductora de lípidos. Si después de tres a seis meses no has conseguido cumplir con los objetivos que te habías propuesto en cuanto al control de tus lípidos y lipoproteínas, deberías entonces probar con un programa de medicación reductora de lípidos. Pero en ningún caso dejes tus programas de ejercicios y dieta sana, porque además de aportar múltiples beneficios para la salud potencian los efectos de los medicamentos.

Los fármacos reductores de lípidos son muy efectivos y en general causan muy pocos efectos secundarios. Las estatinas son los que primero se introducen en los programas de reducción de lípidos, aunque otras drogas como los secuestradores de ácidos biliares, los derivados del ácido fíbrico y la niacina también dan buenos resultados. Con una serie de nuevos fármacos que actualmente se encuentran en fase de desarrollo, quienes requieren medicamentos para bajar su colesterol pronto contarán con más opciones y con suerte conseguirán normalizar sus niveles de colesterol incluso con más eficacia.

PLAN DE ACCIÓN ——————————————————
Elige la medicación más adecuada para reducir el colesterol

❖ Comprende el efecto de los medicamentos reductores de lípidos sobre la disminución del colesterol en sangre y el cLDL.

❖ Aprende cuáles son los efectos secundarios de los medicamentos reductores de lípidos de uso más frecuente.

❖ Identifica los diferentes fármacos reductores de lípidos y la forma en que se utilizan para reducir el colesterol en sangre y el cLDL.

❖ Aprende sobre los medicamentos no reductores de lípidos.

❖ Asegúrate de conocer las posibles interacciones entre los medicamentos, la dieta y el ejercicio; si tienes dudas, consulta a tu médico.

CAPÍTULO 8

Investiga terapias complementarias y alternativas

En los capítulos anteriores te hemos presentado métodos tradicionales que permiten alterar positivamente el colesterol en sangre y el cLDL. Sin embargo, algunas personas buscan otras alternativas para controlar su colesterol. Existen infinidad de opciones a este respecto, pero no entran en el ámbito de la medicina convencional. En la actualidad, el Centro Nacional para la Medicina Complementaria y Alternativa de Estados Unidos (NCCAM), un organismo federal que forma parte de los Institutos Nacionales de Salud (NIH), se dedica a informarnos mejor sobre las prácticas sanitarias complementarias y alternativas, y con ese fin ha desarrollado una lista de términos que se utilizan para describir muchas de estas medicinas y prácticas (véase recuadro). El NCCAM se esfuerza por cumplir con sus objetivos estimulando la rigurosa investigación científica de las medicinas y prácticas no tradicionales, animando a la capacitación científica en este sector, y ofreciendo información relacionada con la medicina complementaria y alternativa.

La medicina complementaria, como su nombre indica, se aplica junto con la medicina convencional. Como ejemplo de terapia complementaria podemos mencionar el uso del tratamiento con fragancias (aromaterapia) para aliviar el malestar de un paciente después de una intervención quirúrgica. La medicina alternativa, por el contrario, reemplaza a la medicina convencional. Un ejemplo de terapia alternativa es el uso de una hierba específica para tratar la hipercolesterolemia en lugar de los tradicionales medicamentos reductores de lípidos. Otro término muy frecuente es medicina integradora, que alude a una combinación de terapias médicas establecidas y terapias alternativas sobre las que exista evidencia científica en cuanto a su efectividad y seguridad.

Las medicinas complementarias y alternativas (MCA) conforman un grupo de varios sistemas, prácticas y productos médicos y sanitarios que actualmente no están considerados parte de la medicina tradicional. A pesar de que existe evidencia científica sobre algunas terapias de MCA, aún quedan pendientes muchos interrogantes fundamentales sobre estas alternativas, y para encontrarles respuesta es necesario llevar a cabo estudios científicos adecuados. Cuando te plantees recurrir a alguna alternativa de MCA tienes que averiguar si estas terapias o prácticas son seguras y si realmente dan buenos resultados en los cuadros médicos sobre los que son aplicadas.

Terminología sobre medicina complementaria y alternativa

Acupuntura: es un método de curación desarrollado en China hace al menos dos mil años. En la actualidad, la acupuntura describe un grupo de procedimientos que consisten en estimular puntos anatómicos del cuerpo mediante diversas técnicas. Las prácticas occidentales de acupuntura incorporan tradiciones médicas chinas, japonesas, coreanas y de otros países. La técnica de la acupuntura que ha sido estudiada científicamente consiste en atravesar la piel con delgadas agujas metálicas sólidas que son manipuladas con las manos o mediante estimulación eléctrica.

Aromaterapia: consiste en el uso de aceites esenciales (extractos o esencias) de flores, plantas y árboles para mejorar la salud y el bienestar.

Ayurveda: se trata de un sistema médico alternativo que ha sido practicado principalmente en el subcontinente indio durante cinco mil años. La ayurveda incluye dietas y remedios de hierbas, y enfatiza el uso del cuerpo, la mente y el espíritu en la prevención y el tratamiento de la enfermedad.

Campos electromagnéticos (también llamados campos eléctricos y magnéticos): se trata de líneas de fuerza invisibles que rodean a todos los dispositivos eléctricos. La tierra también produce campos electromagnéticos, por ejemplo durante la actividad tormentosa. Se cree que los campos magnéticos son producidos por corrientes eléctricas que fluyen en el núcleo terrestre.

Homeopatía: se trata de un sistema médico alternativo basado en la noción de que «lo semejante cura lo semejante»; esto implica recetar cantidades diminutas y altamente diluidas de sustancias medicinales para curar aquellos síntomas que esas mismas sustancias provocarían en dosis superiores o más concentradas.

Masaje: consiste en la manipulación de músculo y tejido conectivo con la intención de mejorar su funcionamiento y promover la relajación y el bienestar.

Medicina osteopática: es una forma de medicina convencional que se centra en las enfermedades que surgen en el sistema musculoesquelético. Se cree que todos los sistemas del organismo funcionan al unísono y que las perturbaciones que sufre uno de ellos pueden afectar al funcionamiento de los demás. Algunos osteópatas practican la manipulación osteopática, un sistema de técnicas manuales que se aplican sobre todo el cuerpo para aliviar el dolor, restablecer el buen funcionamiento y promover la salud y el bienestar.

Medicina tradicional china (MTC): es el nombre actual de un antiguo sistema chino de curación. La MTC se basa en el concepto del equilibrio del qi, o energía vital, que fluye por el cuerpo. El qi debe regular el equilibrio espiritual, emocional, mental y físico de la persona, y recibe la influencia de las fuerzas opuestas yin (energía negativa) y yang (energía positiva). Se considera que la enfermedad es el resultado de las interrupciones en el flujo de qi, así como del desequilibrio de yin y yang. Entre los componentes de la MTC figuran la terapia de hierbas y nutricional, los ejercicios de restablecimiento físico, la meditación, la acupuntura y el masaje terapéutico.

Naturopatía: es un sistema médico alternativo que propone un poder sanador en el cuerpo capaz de establecer, mantener y recuperar la salud. Los naturópatas trabajan con el paciente para sustentar este poder a través de distintos tratamientos como, por ejemplo, el asesoramiento sobre nutrición y hábitos de vida, los suplementos dietéticos, las plantas medicinales, el ejercicio, la homeopatía y los tratamientos de la medicina tradicional china.

Qi gong: es un componente de la medicina tradicional china que combina el movimiento, la meditación y la regulación de la respiración para incrementar el flujo de qi (energía vital, o chi) en el cuerpo y mejorar la circulación sanguínea y el funcionamiento inmunológico.

Quiropraxia: es un sistema médico alternativo que se centra en la relación entre la estructura corporal (principalmente la columna) y su funcionamiento, y en cómo esa relación afecta a la preservación y recuperación de la salud. Los quiroprácticos recurren a la terapia de manipulación como herramienta integral del tratamiento.

Reiki: es un término japonés que alude a la energía vital universal. El reiki se basa en la creencia de que cuando la energía espiritual es canalizada a través de un practicante especializado en esta técnica, el espíritu del paciente sana y esto a su vez favorece la curación de su cuerpo físico.

Suplementos dietéticos: en Estados Unidos, el Congreso definió el término en el Acta de Educación y Salud sobre los Suplementos Dietéticos (DSHEA) de 1994. Un suplemento dietético es un producto (excluido el tabaco) que se ingiere por vía oral y contiene un «ingrediente dietético» cuya finalidad es suplementar la dieta. Los ingredientes dietéticos pueden incluir vitaminas, minerales, hierbas u otros productos botánicos y aminoácidos, además de sustancias como enzimas, tejidos orgánicos y metabolitos. Se presentan en distintas formas —como extractos, concentrados, comprimidos, cápsulas, cápsulas de gel, líquidos y polvos—, y exigen un etiquetado específico. Según el DSHEA, los suplementos dietéticos están considerados alimentos, y no fármacos.

Toque terapéutico: deriva de una antigua técnica denominada «imposición de manos». Se basa en la premisa de que la fuerza sanadora del terapeuta afecta a la recuperación del paciente. Cuando las energías del cuerpo se encuentran en equilibrio, este método promueve la salud; pero si existen desequilibrios energéticos, los sanadores pueden identificarlos pasando sus manos sobre el paciente.

Categorías de la medicina complementaria y alternativa

El NCCAM define cinco categorías específicas en el campo de la medicina complementaria y alternativa, que describiremos en esta sección.

Sistemas médicos alternativos. Los sistemas médicos alternativos parten de métodos completos de teoría y práctica; en general han evolucionado de forma independiente, y son anteriores al de la medicina convencional occidental. Entre algunos ejemplos de sistemas médicos alternativos desarrollados en las culturas occidentales figuran la medicina homeopática y la medicina naturópata. En las culturas no occidentales han surgido sistemas como la medicina tradicional china y la ayurveda.

Intervenciones mente-cuerpo. La medicina centrada en la mente y el cuerpo cuenta con diferentes técnicas que apuntan a incrementar la capacidad mental para afectar al funcionamiento y los síntomas corporales. Algunas técnicas consideradas MCA en el pasado han pasado a formar parte de la medicina convencional, como por ejemplo los grupos de apoyo para pacientes y la terapia cognitivo-conductual. Otras técnicas para la mente y el cuerpo todavía siguen siendo consideradas MCA, como la meditación, la plegaria, la sanación mental y las terapias que utilizan formas de expresión creativas como el arte, la música o la danza.

Terapias de base biológica. Las terapias de base biológica utilizan sustancias provenientes de la naturaleza, como hierbas, alimentos y vitaminas. Entre ellas figuran los suplementos dietéticos, los productos de hierbas y las llamadas terapias naturales, cuya eficacia aún no ha quedado científicamente demostradas (por ejemplo, el uso de cartílago de tiburón para el tratamiento del cáncer).

Métodos de manipulación y de base corporal. Los métodos de manipulación y de base corporal consisten en la manipulación o el movimiento de una o más partes del cuerpo. Algunos ejemplos incluyen la manipulación quiropráctica u osteopática y el masaje.

Terapias energéticas. Las terapias energéticas implican la utilización de campos de energía. Existen dos tipos: las terapias de biocampo y las terapias de naturaleza bioelectromagnética.

• Las terapias de biocampo tienen la finalidad de afectar a los campos energéticos que rodean al cuerpo humano y penetran en él, si bien la existencia de estos campos aún no ha sido científicamente demostrada. Algunas formas de terapia energética manipulan los biocampos aplicando presión o manipulando el cuerpo mediante el uso de las manos sobre estos campos o a través de ellos. Ejemplos: qi gong, reiki y toque terapéutico.

• Las terapias de naturaleza bioelectromagnética consisten en el uso no convencional de los campos electromagnéticos, como los campos pulsados, los campos magnéticos o los campos de corriente alterna o directa.

Infórmate sobre tus opciones

Si estás pensando en recurrir a la medicina complementaria o alternativa para tratar tu hipercolesterolemia en lugar de acogerte a los medios médicos convencionales ya explicados en este libro, deberías visitar la página web del NCCAM http://nccam.nih.gov/health/decisions/ (en inglés y español), que ha sido creada para que quien desee probar las medicinas complementarias y alternativas cuente con la información necesaria para tomar una decisión al respecto. Más adelante encontrarás un recuadro que incluye información sobre cómo evaluar una página web. Algunos de los puntos fundamentales que deberías tener en cuenta mientras tomas esta clase de decisiones son los siguientes:

• Independientemente de que recurras o no a la medicina complementaria o alternativa, tendrías que asumir el cuidado de tu propia salud convirtiéndote en un consumidor informado. Si vas a tomar medicación como la descrita en el capítulo 7, deberías investigar qué estudios científicos han sido llevados a cabo para evaluar la seguridad y eficacia del medicamento. En el mismo sentido, tendrías que averiguar qué tienen que decir los científicos sobre la seguridad y la eficacia de la terapia MCA que estés considerando adoptar.

• Al tomar decisiones sobre tu cuidado y tratamiento médico, en especial si se trata de terapias MCA, siempre deberías consultar a tu médico con el fin de que te asesore en cuanto a tus necesidades individuales.

• Si estás utilizando cualquier terapia MCA, siempre informa al respecto a tu médico de cabecera. Es por tu seguridad, para que él incluya la terapia MCA en tu plan de tratamiento general.

• Si te decantas por una terapia MCA como por ejemplo la acupuntura, elige al especialista con sumo cuidado. Averigua también, en caso de que

Las prácticas meditativas como el yoga suelen ser utilizadas como MCA para aliviar el estrés y otros problemas de salud.

© Human Kinetics

cuentes con seguro médico privado, si es posible que la compañía te reintegre sus servicios.

Cómo elegir una medicina complementaria o alternativa para reducir los lípidos

Los médicos y otros trabajadores del ámbito de la salud prestan cada vez más atención a las terapias complementarias y alternativas en su intención de desarrollar un método globalizado del cuidado de la salud que resulte tan eficaz como la medicación pero carezca de sus efectos secundarios. Como en el caso de cualquier terapia tradicional, el objetivo general de una tera-

Cómo evaluar una página web

Antes de seguir cualquier consejo médico de una página web, deberías asegurarte de que la información que incluye sea precisa. Aquí encontrarás algunas preguntas que te ayudarán a determinar su credibilidad:

- ¿Quién publica la web? ¿Un gobierno, una universidad, una asociación médica o sanitaria de prestigio comprobable? ¿Cuenta con el patrocinio de un fabricante de productos o fármacos? Debería resultar sencillo identificar al patrocinador. Si la web es de carácter gubernamental y cuenta con un patrocinador, su credibilidad suele ser superior y la información expuesta es mucho más imparcial que si se trata de una página web patrocinada por un fabricante de medicamentos, que posiblemente sólo recomiende los productos de su propia empresa.
- ¿Cuál es el objetivo de la página web? ¿Educar al público o vender un producto? El propósito debería ser claramente especificado. Repetimos que las páginas publicadas por fabricantes de fármacos suelen intentar vender lo que producen, así que en general aportan información que favorece más a sus productos que a los demás.
- ¿Cuál es la base de la información? ¿Parte de evidencia científica con referencias claras? Los consejos y las opiniones deberían ser expuestos por separado, sin mezclase con la información científica concreta.
- ¿En qué fecha se ha publicado información? ¿Los datos son revisados y actualizados con frecuencia? Verifica la última actualización de la página. Si no existen datos al respecto o ha sido actualizada hace muchos años, deberías dudar de la precisión y credibilidad de la web.

pia MCA es el uso de métodos no convencionales que produzcan una mejor calidad de vida y más bienestar.

Los métodos y productos complementarios o alternativos para reducir el colesterol en sangre y el cLDL incluyen productos de hierbas y suplementos nutricionales, algunos de los cuales cuentan con el respaldo de datos científicos fiables y demuestran un sustancial beneficio para la salud. Otros, sin embargo, sólo disponen de información contradictoria, insuficiente o preliminar que en el mejor de los casos sólo sugiere un beneficio para la salud. En algunos casos, los productos de hierbas y los suplementos nutricionales únicamente cuentan con el respaldo de una serie de recomendaciones tradicionales, aunque pocos o ningún dato específico sobre su uso.

A muchas personas les cuesta recurrir a los productos de hierbas y los suplementos nutricionales porque cuentan con datos poco precisos en cuanto a su efectividad y seguridad, por no mencionar otros factores como los intereses políticos y económicos, la falta de investigación científica, la ausencia de regulación gubernamental, la falta de control de calidad durante la producción y, sobre todo, la ausencia de fuentes fiables de información válida para el consumidor. En Estados Unidos, por ejemplo, dado que la FDA no regula los compuestos de hierbas, estas sustancias pueden ser vendidas como aditivos alimentarios. Lo más preocupante es que las compañías que comercializan estos productos aseguran que son efectivos en el tratamiento de ciertas condiciones médicas pero no cuentan con datos de investigación que sustenten tal afirmación. Así pues, antes de tomar un producto o suplemento de hierbas, deberías recurrir a todos los medios posibles para encontrar la máxima información posible al respecto. Como mínimo tendrías que encontrar los componentes de los productos en sus etiquetas, si es que las llevan. Pero tampoco te fíes demasiado, porque pueden ser confusas o simplemente expresar el objetivo del producto o cualquier otro propósito no específico. Con frecuencia, las etiquetas sólo incluyen algunas indicaciones sobre cómo utilizar el producto o qué precauciones tomar. Y debido a la falta de información para el consumidor, éstos se ven obligados a confiar únicamente en el anuncio del fabricante. De todas maneras, algunas fábricas de suplementos nutricionales cumplen voluntariamente con los requisitos exigidos a las empresas farmacéuticas.

Los productos de hierbas como agentes reductores de lípidos

Los productos de hierbas no son fármacos, y desde el punto de vista legal se trata de compuestos de venta libre que, por consiguiente, no están sujetos al control gubernamental, al menos en Estados Unidos. Los compuestos de hierbas han sido utilizados como medicinas tradicionales durante siglos por médicos tribales de muchas culturas, y en algunos países continúan siendo recetados por médicos cualificados para cumplir con fines específicos. Es posible que también provoquen efectos beneficiosos para la salud en algunos usuarios, pero no necesariamente en todos. De todas formas, lo más preocupante es que pueden provocar efectos secundarios peligrosos, sobre todo si se los toma en combinación con medicamentos recetados para la misma condición médica u otra no relacionada (véase recuadro sobre la uva, el zumo de uva y la naranja amarga).

Hablaremos sobre algunos de los productos de hierbas utilizados para reducir los niveles de colesterol en sangre y cLDL, pero el mercado ofrece muchos más. Al presentar esta lista no incitamos a su uso, ni aseguramos su seguridad ni eficacia. Simplemente exponemos la información para que te ayude a investigar sobre la medicina complementaria y alternativa como herramienta para bajar el colesterol en sangre y el cLDL.

Levadura roja de arroz

La levadura roja de arroz es fermentada por la levadura roja *Monascus purpureus* y ha sido utilizada por el pueblo chino durante siglos como conservante y colorante alimentario; además, es uno de los ingredientes básicos del vino de arroz. La levadura roja de arroz ha sido empleada también como medicina durante más de mil años, y más recientemente como producto de hierbas para disminuir los niveles de colesterol y triglicéridos en sangre. Existen tres preparaciones diferentes de levadura roja de arroz: Zhitai, colestina y Xuezhikang. Todos estos preparados contienen una sustancia natural reductora del colesterol que inhibe la HMG-CoA reductasa, una enzima importante para la producción de colesterol por parte del hígado. La levadura roja de arroz se parece mucho a las estatinas que mencionamos en el capítulo 7.

- El Zithai es producido mediante la fermentación de una mezcla de variedades de *Monascus purpureus* del arroz integral.
- La colestina se produce mediante la fermentación de variedades selectas de *Monascus purpureus* para que produzcan monacolina K (es una estatina llamada lovastatina, un importante fármaco reductor del colesterol, véase capítulo 7).
- El Xuezhikang se produce mezclando arroz y levadura roja con alcohol y procesando esta mezcla para eliminar la mayor parte del gluten del arroz. Contiene un 40 por 100 más de ingredientes reductores del colesterol que la colestina.

La levadura roja de arroz beneficia a las personas que presentan niveles elevados de colesterol en sangre. El Zithai y el Xuezhikang siempre están asociados a la reducción del colesterol en un promedio del 10 al 30 por 100; también disminuyen el cLDL entre un 10 y un 20 por 100 y los triglicéridos entre un 15 y un 25 por 100, y aumentan el cHDL entre el 7 y el 15 por 100. Se ha demostrado que la colestina reduce los niveles de colesterol

Uvas, zumo de uvas y naranjas amargas

Cuando se consume uvas o zumo de uvas junto con estatinas o inhibidores de la HMG-CoA reductasa, esta fruta incrementa los efectos de la medicación así como los niveles de los fármacos en sangre, aumentando las probabilidades de sufrir efectos secundarios y alguna lesión hepática. Debido a que, al parecer, la levadura roja de arroz actúa de forma similar a estos fármacos reductores del colesterol, deberías evitar beber zumo de uvas o tomar uvas o productos elaborados con esta fruta (como mermelada) mientras tomes levadura roja de arroz. La uva, el zumo de uva y la naranja amarga (presente en mermeladas y otros condimentos, pero no en zumo) pueden aumentar los niveles de estatinas en sangre y, por consiguiente, incrementar el riesgo de sufrir efectos secundarios como una potencial lesión hepática o del tejido muscular.

en sangre, cLDL y triglicéridos, pero al parecer no ejerce ningún efecto sobre el cHDL. Con el uso de la levadura roja de arroz no se han detectado daños en los riñones, el hígado ni otros órganos, y sólo se han percibido efectos secundarios menores, como ardor de estómago o indigestión (Heber *et al.*, 1999). Una de las limitaciones de estas pruebas científicas es que los estudios generalmente duran pocas semanas o meses. Por consiguiente, para conseguir una prueba concluyente sobre su seguridad a largo plazo (tras muchos años de uso) habrá que esperar los resultados de más pruebas. Por otro lado, los científicos suelen considerar que la levadura roja de arroz es segura a largo plazo, ya que ha sido utilizada como alimento durante siglos en los países asiáticos sin que se registraran problemas.

Fenogreco

El fenogreco (*Trigonella foenum-graecum*) es una hierba del sur de Europa y Asia, y una de las plantas de uso medicinal de cultivo más antiguo. En la actualidad es una especie muy cultivada en los países mediterráneos, Argentina, Francia, India, el norte de África y Estados Unidos, y se utiliza como alimento y condimento, además de como medicina. En los últimos años ha aumentado el interés comercial por el fenogreco como producto reductor de lípidos. Esta planta contiene un componente esteroideo y una fibra pastosa que al parecer son los causantes de muchos de sus efectos beneficiosos. El elemento esteroideo inhibe la absorción intestinal del colesterol así como la síntesis del colesterol por parte del hígado, mientras que la fibra pastosa podría contribuir a reducir los niveles de azúcar en sangre. Como resultado, se observan niveles inferiores de colesterol y azúcar en sangre en aquellas personas que sufren aterosclerosis moderada y diabetes tipo 2. Se obtuvieron resultados similares en una prueba clínica controlada de pacientes con diabetes tipo 1 que presentaban niveles elevados de colesterol en sangre (Sharma *et al.*, 1990). El uso de fenogreco no afecta a los niveles de cHDL en sangre.

Psilio

El psilio o mucílago de psilio se obtiene prensando semillas de una planta llamada *Plantago ovata*, originaria de algunas zonas de Asia, las regiones mediterráneas de Europa y el norte de África. El mucílago de psilio se utiliza en la preparación de diversos remedios de hierbas. Al igual que la avena y el trigo, el psilio destaca por su alto contenido en fibra soluble, por lo cual tomar una ración pequeña al día aporta la fibra soluble necesaria para conseguir un efecto reductor del colesterol. El psilio es también un ingrediente común en los productos laxantes de venta libre. Numerosos estudios han demostrado que tomar un suplemento de psilio puede reducir los niveles de colesterol en sangre y cLDL, sin afectar al cHDL. El efecto reductor del colesterol que ejerce este producto de hierbas ha quedado demostrado tanto en niños como en adultos.

Alcachofa

La alcachofa es una planta grande, similar al cardo, llamada *Cynada scolymus* y originaria del sur de Europa, el norte de África y las islas Canarias. Las hojas de alcachofa contienen diversos elementos activos que resultan eficaces a la hora de tratar la indigestión leve. Se ha comprobado que el extracto de esta planta, consumido tres veces al día, calma las náuseas, el dolor abdominal, el estreñimiento y la flatulencia. En forma de extracto también se utiliza para disminuir los niveles elevados de colesterol y triglicéridos en sangre. Los científicos son incapaces de explicar exactamente de qué manera las hojas de alcachofa consiguen reducir el colesterol, pero consideran que lo hacen inhibiendo la síntesis de esta sustancia en el hígado y minimizando su absorción desde el intestino. El extracto de alcachofa también previene la oxidación del cLDL, lo cual puede atenuar el riesgo de sufrir un ataque cardíaco.

Ajo

El ajo (*Allium sativum*) ha sido utilizado como medicina durante siglos, y algunas investigaciones sugieren que es capaz de reducir los niveles de colesterol y triglicéridos en sangre. Sin embargo, la más reciente literatura científica confirma sólo un reducido efecto general reductor de lípidos. Si te decides a tomar ajo como suplemento, puedes seguir estrategias de preparación específicas para maximizar su efecto. Sólo una advertencia: ten cuidado con los suplementos de ajo. Consumir grandes cantidades de esta planta en las comidas seguramente no resulte perjudicial, pero en forma de suplemento puede provocar síntomas como mareos y desvanecimientos. Del mismo modo, los suplementos de ajo no son adecuados para todo el mundo debido a sus propiedades anticoagulantes. Si estás tomando anticoagulantes (fármacos para diluir la sangre), deberías hablar con tu médico antes de decidirte por los suplementos de ajo; y si estás pensando someterte a algún tipo de cirugía, tendrías que comunicar a tu cirujano que estás tomando dichos suplementos. Por último, debes saber que ciertos medicamentos pueden interactuar con el ajo, así que antes de iniciar ningún tratamiento nuevo informa a tu médico de que estás tomando suplementos de este tipo.

Té verde

Los tés verde, negro y oolong (que comparte cualidades con el verde y el negro) derivan de la misma planta, la *Camellia sinensis*, pero la diferencia entre el té verde y los demás radica en el procesamiento y la preparación de las hojas. El té verde no está fermentado; el negro y el oolong, sí. Como resultado, los ingredientes activos de la hierba permanecen inalterables. Muchos estudios han descubierto que el té verde consigue reducir ligeramente los niveles de colesterol y mejorar el perfil lipoproteínico del colesterol (disminuye el cLDL mientras que incrementa el cHDL). Sin embargo, no todos los estudios científicos lo han confirmado. Sí se ha probado que el té verde protege contra el daño que produce la oxidación del cLDL. En efecto, cuando el cLDL es oxidativo, se promueve la acumulación de cLDL y placa en la pared arterial. El consumo de té verde también incrementa la actividad antioxidante de la sangre.

Guggul

El tallo de la mirra de Mukul (*Commiphora Mukul*) encierra una resina amarilla conocida como guggul y goma guggulu. La resina contiene compuestos esteroideos conocidos como guggulsteronas que disminuyen los niveles de colesterol y triglicéridos. Estas acciones convierten al guggul en un importante agente para la reducción del colesterol y los triglicéridos en sangre, de los niveles de cLDL y cVLDL y del aumento de los valores de cHDL. Las guggulsteronas también son antioxidantes que previenen la oxidación del cLDL, por lo cual ofrecen protección contra las cardiopatías. El extracto de guggul es similar al del fármaco clofibrato, que también se emplea para disminuir los niveles de colesterol en sangre y cLDL (véase capítulo 7).

Los suplementos nutricionales como agentes reductores de lípidos

Los suplementos nutricionales incluyen cualquier sustancia consumida con el fin de promover la salud o el bienestar. La FDA y la Comisión Federal de Comercio de Estados Unidos se ocupan de hacer cumplir la legislación actual prohibiendo que los fabricantes efectúen reclamos publicitarios en los que aseguren que sus productos tratan o curan enfermedades sin contar con pruebas científicas. Esto se debe a que algunos fabricantes pueden hacer afirmaciones erróneas o no comprobadas con el fin de incrementar sus ventas.

A continuación mencionaremos los suplementos nutricionales que desempeñan un papel importante en el descenso del colesterol y el cLDL, y que no suelen ser considerados vitaminas, minerales ni hierbas específicas. De todas formas, cada uno de ellos puede contener algunos de los nutrientes necesarios para causar una reducción en el colesterol en sangre y el cLDL.

Betaglucano

El betaglucano se encuentra en las paredes celulares de la levadura de panadería, la avena, el trigo, la fibra de cebada, los cereales (salvado) y algunas setas. Se trata de un azúcar complejo y una fuente de fibra soluble. Se ha demostrado que el salvado de avena ejerce un significativo efecto reductor del colesterol, y el betaglucano es la clave de esta acción. Dado que se trata de una fibra soluble, el betaglucano se une al colesterol y los ácidos biliares y participa en la eliminación de estas moléculas fuera del cuerpo, lo cual ayuda a reducir el colesterol en sangre. Diversos estudios científicos que evaluaron la utilización de betaglucano derivado de la avena o la levadura durante al menos cuatro semanas observaron reducciones de aproximadamente el 10 por 100 del colesterol en sangre y el 8 por 100 del cLDL, además de incrementos en el cHDL que oscilaban entre el 0 y el 16 por 100 (Nicolosi *et al.*, 1999; Behall *et al.*, 1997).

Suplementos vitamínicos

El betacaroteno (vitamina A), la vitamina C, la vitamina E y el selenio son antioxidantes que ayudan a proteger el corazón de dos formas. Primero, estas vitaminas entran en las moléculas de cLDL y bloquean el perjudicial proceso químico de la oxidación. Y con la oxidación bloqueada, el colesterol tiene menos posibilidades de favorecer la acumulación de placa en las arterias. Segundo, los antioxidantes pueden bloquear los efectos de los radicales libres de oxígeno, que están presentes como subproductos del metabolismo o bien como sustancias provenientes de la polución del aire o el humo del tabaco. Las radicales perjudican al corazón porque se cree que promueven la acumulación de placa en las arterias. Cuando el desarrollo de radicales libres queda bloqueado, el riesgo de sufrir una cardiopatía se reduce. Puesto que los antioxidantes han demostrado estos efectos beneficiosos para el corazón, algunos investigadores los consideran de suma importancia en la lucha contra la cardiopatía. Pero otras investigaciones han demostrado que los antioxidantes ejercen un efecto mínimo o inexistente. En la actualidad se está investigando a fondo la capacidad de los antioxidantes para reducir el riesgo de desarrollar enfermedades cardíacas.

Se han identificado tres vitaminas B (B6, B12 y ácido fólico) que reducen el riesgo de cardiopatías y apoplejías porque disminuyen los niveles de homocisteína en la sangre. La homocisteína, un aminoácido, es un producto de los procesos celulares normales, pero que en cantidad excesiva refleja una condición anormal que puede incrementar el riesgo de desarrollar una cardiopatía. Una dieta sana para el corazón que incluya al menos cinco raciones de fruta y verdura al día contiene suficiente vitamina B6, vitamina B12 y ácido fólico como para reducir los niveles de homocisteína en sangre y el riesgo de cardiopatía. Los cítricos, los tomates, las verduras y los cereales son buenas fuentes de vitamina B6, B12 y ácido fólico.

La vitamina B3, también conocida como niacina, se ha convertido en una alternativa médica aceptada para el tratamiento del colesterol elevado. Las mejores fuentes naturales de vitamina B3 son los cacahuetes, la levadura de cerveza, el pescado, la carne y los cereales integrales. Es preferible recurrir a la niacina de liberación lenta o sostenida, puesto que reduce el efecto secundario de enrojecimiento cutáneo. En el capítulo 7 hemos hablado de la niacina como medicamento recetado para reducir los lípidos, pero también se encuentra disponible como producto de venta libre.

Coenzima Q10

La coenzima Q10 (CoQ10) es un nutriente natural presente en todas las células del cuerpo, que se obtiene de casi todos los alimentos, en particular el pescado y las demás carnes. Muchas personas que toman CoQ10 notan que se fatigan menos, porque esta sustancia desempeña un importante papel en el sistema energético celular. La CoQ10 también mejora ciertos tipos de enfermedades cardiovasculares —como la insuficiencia cardíaca congestiva y la hipertensión—, reduce los niveles de colesterol en sangre en algunos individuos, y también ha demostrado ser un excelente antioxidante que evita la oxidación del cLDL.

Los niveles de CoQ10 en sangre disminuyen en las personas que toman estatinas. Como hemos explicado en el capítulo 7, las estatinas (es decir, lovastatina, pravastatina y simvastatina) son medicamentos recetados que se utilizan para tratar los niveles elevados de colesterol en sangre y cLDL. Estos fármacos actúan inhibiendo una enzima conocida como HMG-CoA reductasa y son muy eficaces a la hora de disminuir los niveles de colesterol. Sin embargo, la HMG-CoA reductasa es también responsable de la producción de la coenzima A (CoA) y la coenzima Q10. Como resultado, al efecto reductor del colesterol de estos fármacos le acompaña un descenso en los niveles de CoA y CoQ10 tanto en las células como en la sangre. Los suplementos de CoA y CoQ10 pueden ayudar a prevenir algunos de los efectos adversos de estas estatinas tan utilizadas, por lo que si estás tomando una estatina o levadura roja de arroz deberías considerar la posibilidad de tomar suplementos de CoQ10.

Resumen

En la actualidad contamos con varias terapias complementarias y alternativas para reducir los niveles de colesterol en sangre y cLDL. Como sucede con cualquier intervención reductora de lípidos, el principal objetivo de una terapia basada en medicinas complementarias y alternativas (MCA) es disminuir no sólo el colesterol y el cLDL, sino también el riesgo de desarrollar una cardiopatía, consiguiendo así una mejor calidad de vida. Aunque muchos de estos enfoques complementarios y alternativos consiguen bajar el colesterol en sangre sin provocar los efectos secundarios de cualquier medicamento reductor de lípidos, siempre deberías consultar a tu médico sobre el método en particular que piensas utilizar. Tú y él podréis crear un programa generalizado que satisfaga tus necesidades específicas y reduzca la posibilidad de que sufras efectos secundarios no deseados. Muchas de las terapias MCA no han sido sometidas a los rigurosos estudios científicos por los que han tenido que pasar los métodos tradicionales. Recurre, entonces, a todas las fuentes de las que dispongas para reunir información sobre las distintas terapias MCA con las que pretendas reducir tus niveles de colesterol en sangre y cLDL.

En capítulos anteriores te hemos presentado diferentes intervenciones terapéuticas sobre los hábitos de vida, que incluyen un programa de ejercicios, una dieta que cuide el corazón y un plan para perder peso, todo lo cual aporta beneficios positivos para la salud porque reduce el colesterol en sangre y el cLDL. Como ya hemos explicado, si después de tres a seis meses de haber puesto en práctica estas intervenciones sobre tus hábitos de vida no has conseguido tus objetivos, deberías comenzar un tratamiento con medicación reductora de lípidos, siempre bajo la supervisión de tu médico. Cuando tomes medicamentos reductores de lípidos deberías continuar con tus ejercicios, seguir una dieta saludable para el corazón y continuar con tu terapia MCA, puesto que estos programas incrementarán los efectos de los fármacos reductores de lípidos y además te aportarán otros importantes beneficios para la salud.

PLAN DE ACCIÓN

Investiga terapias complementarias y alternativas

❖ Investiga las cinco categorías de las medicinas complementarias y alternativas, y la terminología asociada con estas terapias.

❖ Sigue las pautas que te permitan obtener una información precisa y fiable sobre las diferentes medicinas, en especial cuando busques datos en páginas web.

❖ Investiga los productos de hierbas como herramientas para disminuir tu colesterol; estudia cada uno de ellos con cuidado y averigua cuáles son sus efectos secundarios negativos.

❖ Analiza los suplementos para bajar el colesterol, pero, como si se tratara de productos de hierbas, realiza una elección cuidadosa e investiga todo lo que puedas.

Apéndice: recetas con bajo contenido de colesterol

Sopa de macarrones y alubias

2 latas de 450 g de alubias
1 cucharada de aceite de oliva
250 g de setas frescas laminadas
1 taza de cebolla troceada
2 tazas de zanahorias laminadas
1 taza de apio troceado
1 diente de ajo picado
3 tazas de tomate fresco, pelado y cortado (o 1 lata y media*)
1 cucharadita de salvia seca
1 cucharadita de tomillo seco
1/2 cucharadita de orégano seco
pimienta negra recién molida, al gusto
1 hoja de laurel desmenuzada
4 tazas de macarrones cocidos

Retira el líquido de las alubias y resérvalo. Escúrrelas y calienta el aceite. Añade las setas, la cebolla, las zanahorias, el apio y el ajo y saltea durante 5 mi-

---

Todas las recetas provienen de *Keep the Beat: Heart Healthy Recipes*, cortesía del NHLBI (Instituto Nacional del Corazón, los Pulmones y la Sangre de Estados Unidos)

* Si usas tomate de lata, su contenido en sodio será superior. Así que si deseas mantener un nivel bajo de sodio, no añadas sal a la preparación.

nutos. Agrega los tomates, la salvia, el tomillo, el orégano, la pimienta y la hoja de laurel. Tapa y cocina a temperatura media durante 20 minutos.

Cuece los macarrones siguiendo las instrucciones del paquete, en agua sin sal. Escúrrelos cuando estén cocidos, y procura que no se pasen.

Combina el líquido de las alubias con agua hasta formar 4 tazas, e incorpóralo junto con las alubias y la pasta cocida a la mezcla de verduras. Lleva a ebullición, tapa y cocina a fuego lento hasta que la sopa esté bien caliente. Remueve de vez en cuando.

Rinde para 16 raciones; tamaño de la ración: una taza.

Cada ración aporta: calorías: 158; grasa total: 1 g; grasa saturada: menos de 1 g; colesterol: 0 mg; sodio: 154 mg; fibra total: 5 g; proteína: 8 g; carbohidrato: 29 g; potasio: 524 mg.

Sopa de maíz

1 cucharada de aceite vegetal
2 cucharadas de apio, cortado en cubos
2 cucharadas de cebolla, cortada en cubos
2 cucharadas de pimiento verde, cortado en cubos
1 paquete de maíz congelado
1 taza de patatas crudas, peladas y cortadas en cubos
2 cucharaditas de perejil fresco picado
1 taza de agua
1/4 cucharadita de sal
pimienta negra, al gusto
1/4 cucharadita de pimentón dulce
2 cucharadas de harina
2 tazas de leche semidesnatada o desnatada

Calienta el aceite en una sartén mediana. Añade el apio, la cebolla y el pimiento verde, y saltea durante 2 minutos. Agrega el maíz, las patatas, el agua, la sal, la pimienta y el pimentón dulce. Lleva a ebullición y luego reduce el calor a intensidad media. Cocina durante aproximadamente 10 minutos, con tapa, o hasta que las patatas estén tiernas.

Vierte 1/2 taza de leche en un bote con tapa. Agrégale harina y agita intensamente. Poco a poco añade la mezcla de harina y leche a la verdura cocida, y a continuación vierte el resto de la leche.

Cocina, removiendo constantemente, hasta que la mezcla hierva y espese. Sirve y decora con perejil picado.

Rinde para 4 raciones; tamaño de la ración: una taza.

Cada ración aporta: calorías: 186; grasa total: 5 g; grasa saturada: 1 g; colesterol: 5 mg; sodio: 205 mg; fibra total: 4 g; proteína: 7 g; carbohidrato: 31 g; potasio: 455 mg.

Sopa de albóndigas

225 g de pollo picado
225 g de carne magra de vaca, picada
10 tazas de agua
1 hoja de laurel
1 cebolla pequeña, picada
1/2 taza de pimiento verde picado
1 cucharadita de menta
2 tomates pequeños, picados
1/2 cucharadita de orégano
4 cucharaditas de harina de maíz instantánea
1/2 cucharadita de pimienta negra
2 dientes de ajo, molidos
1/2 cucharadita de sal
2 zanahorias medianas, cortadas
2 tazas de col troceada
2 tallos de apio picados
1 paquete de maíz congelado
2 calabacines medianos, troceados
1 chayote mediano, troceado (si deseas reemplazarlo,
    agrega más calabacines)
1/4 taza de cilantro triturado

En una olla grande combina el agua, la hoja de laurel, la mitad de la cebolla, el pimiento verde y la media cucharadita de menta. Lleva a ebullición.
En un cuenco mezcla el pollo, la carne, la otra mitad de la cebolla, el tomate, el orégano, la harina de maíz, la pimienta, el ajo y la sal. Mezcla bien y forma bolitas de carne. Introdúcelas en agua hirviendo y cuece a fuego suave entre 30 y 45 minutos.

Agrega las zanahorias, el chayote, la col y el apio. Cuece a fuego suave durante 25 minutos. Agrega el maíz y el calabacín. Cuece durante 5 minutos más. Decora con el cilantro y el resto de la menta.

Rinde para 8 raciones; tamaño de la ración: algo más de una taza.

Cada ración aporta: calorías: 161; grasa total: 4 g; grasa saturada: 1 g; colesterol: 31 mg; sodio: 193 mg; fibra total: 4 g; proteína: 13 g; carbohidrato: 17 g; potasio: 461 mg.

Guiso rápido de carne

225 g de carne magra picada
1 taza de cebolla picada
1 taza de apio picado
1 pimiento verde en cubos
3 tazas y media de tomates en cubos
1/4 cucharadita de sal
1/2 cucharadita de pimienta negra
1/4 cucharadita de pimentón dulce
1 taza de guisantes congelados
2 zanahorias pequeñas en cubos
1 taza de arroz aún no cocido
1 taza y media de agua

En una sartén dora la carne picada y elimina la grasa. Añade el resto de los ingredientes. Mezcla bien, tapa y cocina a fuego medio hasta alcanzar el punto de ebullición. Reduce a fuego bajo y cuece lentamente durante 35 minutos. Sirve caliente.

Rinde para 8 raciones; tamaño de la ración: poco más de una taza.

Cada ración aporta: calorías: 201; grasa total: 5 g; grasa saturada: 2 g; colesterol: 16 mg; sodio: 164 mg; fibra total: 3 g; proteína: 9 g; carbohidrato: 31 g; potasio: 449 mg.

Sofrito de carne y verduras chinas

1 cucharada de vino tinto seco
1 cucharada de salsa de soja
1/2 cucharadita de azúcar
1 cucharadita y media de jengibre pelado y picado
450 g de carne sin hueso ni grasa, cortada en tiras
2 cucharadas de aceite vegetal
2 cebollas medianas, cortadas en 8 trozos cada una
225 g de setas frescas lavadas, cortadas en láminas
2 ramas de apio (1/2 taza), cortadas en diagonal
2 pimientos verdes pequeños, cortazos en tiras finas y largas
1 taza de castañas de agua, lavadas y cortadas
2 cucharadas de maizena
1/4 taza de agua

Confecciona la marinada mezclando el vino, la salsa de soja, el azúcar y el jengibre. Marina la carne en la mezcla mientras preparas las verduras.

Calienta una cucharada de aceite en una sartén grande o un wok. Sofríe las cebollas y las setas durante tres minutos a fuego medio casi fuerte. Añade el apio y cuece durante un minuto. Incorpora el resto de las verduras y cocina durante dos minutos o hasta que el pimiento verde esté tierno pero crujiente. Pasa las verduras a un cuenco caliente.

Agrega la otra cucharada de aceite a la sartén. Sofríe la carne durante aproximadamente dos minutos, o hasta que pierda su color rosado.

Mezcla la maizena con el agua y vierte sobre la carne. Cuece y remueve hasta que la preparación adquiera una consistencia más espesa. Luego agrega las verduras. Mezcla suavemente y sirve.

Rinde para 6 raciones; tamaño de la ración: 170 g.

Cada ración aporta: calorías: 200; grasa total: 9 g; grasa saturada: 2 g; colesterol: 40 mg; sodio: 201 mg; fibra total: 3 g; proteína: 17 g; carbohidrato: 12 g; potasio: 552 mg.

Arroz con pollo

6 piezas de pollo (muslos y pechugas) sin piel
2 cucharaditas de aceite vegetal
4 tazas de agua
2 tomates cortados
1/2 taza de pimiento verde picado
1/4 taza de pimiento rojo picado
1/4 taza de apio, cortado en dados
1 zanahoria mediana, rallada
1/4 taza de maíz congelado
1/2 taza de cebolla, cortada
1/4 taza de cilantro fresco, picado
2 dientes de ajo, cortados finamente
una pizca de sal
una pizca de pimienta
2 tazas de arroz
1/2 taza de guisantes congelados
30 g de aceitunas
1/4 taza de uvas pasas

En una olla grande, dora el pollo en el aceite. Añade agua, los tomates, los pimientos rojo y verde, el apio, la zanahoria, el maíz, la cebolla, el cilantro, el ajo, la sal y la pimienta. Tapa y cocina a fuego medio durante 20 a 30 minutos o hasta que el pollo esté cocido.

Retira el pollo y mételo en la nevera. Vierte el arroz, los guisantes y las aceitunas en la olla, tapa y cocina a fuego suave durante aproximadamente 20 minutos, hasta que el arroz esté cocido. Vuelve a introducir el pollo en la cazuela y las pasas, y cocina durante 8 minutos más.

Rinde para 6 raciones; tamaño de la ración: una taza de arroz y una pieza de pollo.

Cada ración aporta: calorías: 448; grasa total: 7 g; grasa saturada: 2 g; colesterol: 49 mg; sodio: 352 mg; fibra total: 4 g; proteína: 24 g; carbohidrato: 70 g; potasio: 551 mg.

Espaguetis con salsa de pavo

450 g de carne picada de pavo, magra
1 lata de tomates, cortados
1 taza de pimiento verde, finamente picado
1 taza de cebolla, finamente picada
2 dientes de ajo, triturados
1 cucharadita de orégano seco, machacado
1 cucharadita de pimienta negra
450 g de espaguetis sin cocer

En una sartén grande saltea la carne de pavo a fuego fuerte durante aproximadamente 5 minutos, removiendo de vez en cuando. Desecha la grasa. Vierte el tomate con su jugo, el pimiento verde, la cebolla, el ajo, el orégano y la pimienta negra. Lleva a ebullición. Reduce el calor y cuece con tapa durante un cuarto de hora, removiendo de vez en cuando. Retira la tapa y continúa con la cocción durante 15 minutos más. (Si deseas una salsa más cremosa, pásala por la licuadora o el robot de cocina.)

Mientras tanto, cocina los espaguetis en agua sin sal. Escurre bien y sirve la salsa sobre la pasta.

Rinde para 6 raciones; tamaño de la ración: 140 g de salsa con 250 g de espaguetis.

Cada ración aporta: calorías: 455; grasa total: 6 g; grasa saturada: 1 g; colesterol: 51 mg; sodio: 248 mg; fibra total: 5 g; proteína: 28 g; carbohidrato: 71 g; potasio: 593 mg.

Pescado mediterráneo al horno

450 g de filetes de pescado (lenguado, platija o perca)
2 cucharaditas de aceite de oliva
1 cebolla grande, en trozos
1 lata de tomates enteros, secos (reservar el jugo), cortados
    en trozos grandes
1/2 taza de jugo de tomate (reservado de la lata)
1 hoja de laurel
1 diente de ajo, cortado finamente
1 taza de vino blanco seco

1/4 taza de zumo de limón
1/4 taza de zumo de naranja
1 cucharada de piel de naranja fresca, picada
1 cucharadita de semillas de hinojo, machacadas
1/2 cucharadita de orégano seco molido
1/2 cucharadita de tomillo seco molido
1/2 cucharadita de albahaca seca molida
pimienta negra al gusto

Calienta el aceite en una sartén grande no adherente. Agrega la cebolla y saltea a fuego medio durante 5 minutos o hasta que se ablande. Añade el resto de los ingredientes menos el pescado. Mezcla bien y cocina sin tapar durante 30 minutos.

Coloca el pescado en una fuente de horno y cubre con la salsa. Hornea a 190° (sin tapar) durante 15 minutos aproximadamente o hasta que el pescado se descame con facilidad.

Rinde para 4 raciones; tamaño de la ración: 115 g de filete con salsa.

Cada ración aporta: calorías: 178; grasa total: 4 g; grasa saturada: 1 g; colesterol: 56 mg; sodio: 260 mg; fibra total: 3 g; proteína: 22 g; carbohidrato: 12 g; potasio: 678 mg.

Brochetas de vieira

3 pimientos verdes medianos, cortados en cuadrados
600 g de vieiras frescas
tomates cherry
1/4 taza de vino blanco seco
1/4 taza de aceite vegetal
3 cucharadas de zumo de limón
ajo en polvo
pimienta negra al gusto
4 brochetas

Cuece ligeramente los pimientos verdes durante 2 minutos. Inserta los tres primeros ingredientes, alternándolos, en los pinchos. Combina los cinco ingredientes siguientes, pinta las brochetas con la mezcla de vino, aceite y limón, y colócalas en el grill o la parrilla. Cocina durante 15 minutos, girándolas y rociándolas frecuentemente con su propio jugo.

Rinde para 4 raciones; tamaño de la ración: una brocheta (170 g).

Cada ración aporta: calorías: 224; grasa total: 6 g; grasa saturada: 1 g; colesterol: 43 mg; sodio: 335 mg; fibra total: 3 g; proteína: 30 g; carbohidrato: 13 g; potasio: 993 mg.

Ensalada de atún

6 latas de atún al natural
1/2 taza de apio picado
1/2 taza de chalotas picadas
6 cucharadas de mayonesa de bajo contenido graso

Deja escurrir el atún durante 5 minutos. Separa con un tenedor, añade el apio, la cebolla y la mayonesa, y mezcla bien.

Rinde para 5 raciones; tamaño de la ración: media taza.

Cada ración aporta: calorías: 146; grasa total: 7 g; grasa saturada: 1 g; colesterol: 25 mg; sodio: 158 mg; fibra total: 1 g; proteína: 16 g; carbohidrato: 4 g; potasio: 201 mg.

Caracolas agridulces

450 g de caracolas (pasta) sin cocer
2 cucharadas de aceite vegetal
3/4 taza de azúcar
1/2 taza de vinagre de sidra
1/2 taza de vinagre de vino
1/2 taza de agua
3 cucharadas de mostaza
pimienta negra al gusto
1 bote de pimientos en tiras
2 pepinos pequeños
2 cebollas pequeñas, finamente cortadas
18 hojas de lechuga

Cocina la pasta en agua sin sal, escurre, pasa por agua fría y vuelve a escurrir. Mezcla con el aceite y colócala en un cuenco.

En la licuadora vierte el azúcar, los dos tipos de vinagre, el agua, la mostaza, la sal, la pimienta y el pimiento. Procesa a baja velocidad durante 15 a 20 segundos, o lo suficiente para que puedan verse trozos de pimiento. Vierte sobre la pasta.

Retira la piel a los pepinos, divídelos en dos a lo largo, y luego córtalos en trozos finos. Agrega a la pasta junto con las rodajas de cebolla. Mezcla bien.

Marina, con tapa, en la nevera durante 24 horas. Mezcla de vez en cuando. Seca y sirve sobre la lechuga.

Rinde para 18 raciones; tamaño de la ración: media taza.

Cada ración aporta: calorías: 158; grasa total: 2 g; grasa saturada: menos de 1 g; colesterol: 0 mg; sodio: 35 mg; fibra total: 2 g; proteína: 4 g; carbohidrato: 31 g; potasio: 150 mg.

Judías pintas con arroz

450 g de judías pintas secas
7 tazas de agua
1 pimiento verde mediano, cortado en trozos
1 cebolla y media, cortada en trozos
1 cucharada de aceite vegetal
2 hojas de laurel
1 diente de ajo, machacado
1/2 cucharadita de sal
1 cucharada de vinagre (o zumo de limón)
6 tazas de arroz, cocido en agua sin sal
1 bote de pimiento en tiras, sin líquido
1 limón, cortado en trozos

Revisa las judías para eliminar las que se encuentren en malas condiciones. Déjalas en remojo durante toda la noche en agua fría, y al día siguiente seca y enjuaga. En una olla grande mezcla las judías, el agua, el pimiento verde, la cebolla, el aceite, las hojas de laurel, el ajo y la sal. Tapa y cocina durante una hora.

Reduce el calor y continúa la cocción, siempre con la olla tapada, durante 3 a 4 horas o hasta que las judías estén muy tiernas. Mezcla de vez en cuando, y añade agua si lo consideras necesario. Retira un tercio de las judías, prepara un puré y vuelve a colocarlo en la olla. Mezcla y calienta.

Cuando todo esté listo para servir, retira las hojas de laurel y vierte el vinagre o el zumo de limón. Sirve sobre el arroz. Decora con las tiras de pimiento y los trozos de limón.

Rinde para 6 raciones; tamaño de la ración: 225 g.

Cada ración aporta: calorías: 508; grasa total: 4 g; grasa saturada: 1 g; colesterol: 0 mg; sodio: 206 mg; fibra total: 14 g; proteína: 21 g; carbohidrato: 98 g; potasio: 852 mg.

Espaguetis de verano con verduras

2 tazas de cebollas pequeñas, cortadas en ocho partes
2 tazas (aproximadamente 450 g) de tomates maduros,
    pelados y cortados
2 tazas (aproximadamente 450 g) de calabacín amarillo
    y verde, cortado finamente
1 taza y media (aproximadamente 225 g) de judías verdes frescas,
    cortadas
2/3 taza de agua
2 cucharadas de perejil fresco, picado
1 diente de ajo, picado
1/2 cucharadita de chile en polvo
1/4 cucharadita de sal
pimienta negra al gusto
1 lata de tomate triturado
450 g de espaguetis sin cocer
1/2 taza de queso parmesano rallado

Combina los primeros diez ingredientes en una olla grande. Cocina durante 10 minutos, y luego agrega el tomate triturado. Tapa y cocina a fuego lento durante 15 minutos, removiendo de vez en cuando, hasta que las verduras estén tiernas.

Cocina los espaguetis en agua sin sal, según las instrucciones del paquete. Vierte la salsa sobre la pasta escurrida y caliente, y cubre con el queso parmesano.

Rinde para 9 raciones; tamaño de la ración: 1 taza de espaguetis y 3/4 taza de salsa de verduras.

Cada ración aporta: calorías: 271; grasa total: 3 g; grasa saturada: 1 g; colesterol: 4 mg; sodio: 328 mg; fibra total: 5 g; proteína: 11 g; carbohidrato: 51 g; potasio: 436 mg.

Salteado de judías verdes

450 g de judías verdes frescas o congeladas, cortadas en trozos
    pequeños
1 cucharada de aceite vegetal
1 cebolla grande, cortada a la mitad y luego en rodajas finas
1/2 cucharadita de sal
una pizca de pimienta negra
1 cucharada de perejil fresco, picado

Si vas a usar judías verdes frescas, cocínalas en agua hirviendo durante 10 a 12 minutos o al vapor durante 2 o 3, hasta que con el tenedor las notes ligeramente tiernas. Escurre bien. Si trabajas con judías congeladas, descongélalas primero.

Calienta el aceite en una sartén grande. Saltea la cebolla hasta que se dore, y a continuación agrega las judías verdes, la sal y la pimienta. Calienta. Antes de servir, decora con el perejil.

Rinde para 4 raciones; tamaño de la ración: 1/4 taza.

Cada ración aporta: calorías: 64; grasa total: 4 g; grasa saturada: menos de 1 g; colesterol: 0 mg; sodio: 282 mg; fibra total: 3 g; proteína: 2 g; carbohidrato: 8 g; potasio: 161 mg.

Verduras italianas al horno

1 lata de tomates enteros
1 cebolla mediana, en rodajas finas
225 g de judías verdes frescas, en trozos pequeños
225 g de okra (quingombó) fresca, cortada en trozos pequeños
    (o medio paquete de okra congelada, cortada)
3/4 taza de pimiento verde, finamente cortado

2 cucharadas de zumo de limón

1 cucharada de albahaca fresca, machacada, o 1 cucharadita
  de albahaca seca molida

1 cucharadita y media de hojas frescas de orégano machacado,
  o media cucharadita de orégano seco molido

3 calabacines medianos, cortados en cubos

1 berenjena mediana, pelada y cortada en cubos

2 cucharadas de queso parmesano rallado

Secar y cortar los tomates en trozos. Guardar el líquido. Mezclar los tomates, el líquido, la cebolla, las judías verdes, la okra, el pimiento verde, el zumo de limón y las hierbas. Tapar y hornear a 160° durante 15 minutos.

Añade los calabacines y la berenjena. Continúa con el horneado, con las verduras tapadas, durante 60 o 70 minutos más o hasta que los alimentos estén tiernos. Muévelos de vez en cuando.

Antes de servir, espolvorea con queso parmesano.

Rinde para 18 raciones; tamaño de la ración: media taza.

Cada ración aporta: calorías: 27; grasa total: menos de 1 g; grasa saturada: menos de 1 g; colesterol: 1 mg; sodio: 86 mg; fibra total: 2 g; proteína: 2 g; carbohidrato: 5 g; potasio: 244 mg.

Pavo con verduras

3 tazas de agua

115 g de pechuga de pavo ahumada, sin piel

1 cucharada de pimiento picante, picado

1/4 cucharadita de pimienta de cayena

1/4 cucharadita de clavo molido

2 dientes de ajo machacados

1/2 cucharadita de tomillo

1 chalota cortada en trocitos

1 cucharadita de jengibre molido

1/4 taza de cebolla picada

900 g de verduras (mostaza, nabo, col rizada o una mezcla)

Coloca todos los ingredientes en una olla grande, a excepción de las verduras, y lleva a ebullición. Prepara las verduras lavándolas con cuidado y eliminando los tallos. Corta las hojas en trozos pequeños y añádelas al pavo. Cocina durante 20 a 30 minutos, hasta que estén tiernas.

Rinde para 5 raciones; tamaño de la ración: una taza.

Cada ración aporta: calorías: 80; grasa total: 2 g; grasa saturada: menos de 1 g; colesterol: 16 mg; sodio: 378 mg; fibra total: 4 g; proteína: 9 g; carbohidrato: 9 g; potasio: 472 mg.

Guiso de verduras

3 tazas de agua
1 pastilla de caldo de verduras bajo en sodio
2 tazas de patatas blancas, cortadas en tiras
2 tazas de zanahoria cortadas finas
4 tazas de calabaza cortada en cubos
1 taza de calabaza cortada en 4 pedazos grandes
1 lata de maíz dulce, lavado y seco (o dos mazorcas de maíz fresco,
    o 1 taza y media)
1 cucharadita de tomillo
2 dientes de ajo machacado
1 cebolleta picada
1/2 pimiento picante picado
1 taza de cebolla en trozos
1 taza de tomates, en cubos
Agrega cualquier otra verdura que te guste, como brócoli y coliflor.

Llena una olla con agua, añade el caldo y lleva a ebullición. Agrega las patatas y las zanahorias y deja cocer durante 5 minutos. Incorpora el resto de los ingredientes, a excepción de los tomates, y continúa la cocción durante 15 minutos a fuego medio.

Retira los cuatro trozos de calabaza y haz con ellos un puré. Devuelve el puré de calabaza a la olla y cocina durante 10 minutos más. Agrega los tomates y continúa cocinando los ingredientes durante 5 minutos.

Retira del fuego y deja reposar durante 10 minutos para que el guiso adquiera consistencia.

Rinde para 8 raciones; tamaño de la ración: algo más de una taza.

Cada ración aporta: calorías: 119; grasa total: 1 g; grasa saturada: menos de 1 g; colesterol: 0 mg; sodio: 196 mg; fibra total: 4 g; proteína: 4 g; carbohidrato: 27 g; potasio: 524 mg.

Ensalada de patatas nuevas

16 patatas nuevas pequeñas
2 cucharadas de aceite de oliva
1/4 taza de cebolleta picada
una pizca de pimienta negra
1 cucharadita de eneldo seco

Lava muy bien las patatas con cepillo y agua. Hiérvelas durante 20 minutos o hasta que estén tiernas. Seca y deja enfriar durante otros 20 minutos.

Corta las patatas en cuartos y mezcla con el aceite de oliva, la cebolleta y las especias. Refrigera y sirve.

Rinde para 5 raciones; tamaño de la ración: una taza.

Cada ración aporta: calorías: 187; grasa total: 6 g; grasa saturada: 1 g; colesterol: 0 mg; sodio: 12 mg; fibra total: 3 g; proteína: 3 g; carbohidrato: 32 g; potasio: 547 mg.

Pan de albaricoque y naranja

1 paquete de albaricoques secos, cortados
2 tazas de agua
2 cucharadas de margarina
1 taza de azúcar
1 huevo ligeramente batido
1 cucharada de cáscara de naranja, recién rallada
3 tazas y media de harina tamizada
1/2 taza de leche desnatada en polvo
2 cucharaditas de levadura en polvo
1 cucharadita de bicarbonato de sosa
1 cucharadita de sal
1/2 taza de zumo de naranja
1/2 taza de nueces picadas

Precalienta el horno a 175°. Unta ligeramente con aceite dos moldes de pan. Cocina los albaricoques en agua en una olla mediana con tapa durante 10 o 15 minutos o hasta que estén tiernos pero no blandos. Seca y reserva un poco menos de una taza de líquido. Deja enfriar la fruta.

Mezcla la margarina y el azúcar. A mano, añade el huevo y la cáscara de naranja. Tamiza la harina con la leche en polvo, la levadura, el bicarbonato y la sal. Añade a la mezcla, alternando con el líquido de los albaricoques que has reservado y el zumo de naranja. Incorpora los albaricoques y las nueces.

Vierte la masa en los moldes y hornea durante 40 o 45 minutos, o hasta que el pan recupere su forma aunque lo presiones ligeramente en el centro.

Deja enfriar 5 minutos. Luego desmolda y deja enfriar por completo antes de cortar.

Rinde para 2 panes; tamaño de la ración: rebanada de aproximadamente 1 cm de ancho.

Cada ración aporta: calorías: 97; grasa total: 2 g; grasa saturada: menos de 1 g; colesterol: 6 mg; sodio: 113 mg; fibra total: 1 g; proteína: 2 g; carbohidrato: 18 g; potasio: 110 mg.

Galletas caseras

2 tazas de harina
2 cucharaditas de levadura en polvo
1/4 cucharadita de bicarbonato de sosa
1/4 cucharadita de sal
2 cucharadas de azúcar
algo menos de una taza de suero de leche (1% de grasa)
3 cucharadas de aceite vegetal

Precalienta el horno a 230°. En un cuenco mediano mezcla la harina, la levadura, el bicarbonato, la sal y el azúcar. En un cuenco pequeño mezcla el suero de leche y el aceite. Vierte sobre la harina y el resto de los componentes, y mezcla hasta que unos y otros ingredientes se hayan integrado.

En una superficie ligeramente enharinada, amasa la pasta con suavidad hasta formar un rollo de unos 7 u 8 cm de ancho. Corta con un cuchillo o con un molde para galletas, pasándolo por harina antes de cada corte. Traslada las galletas a una fuente de horno.

Hornea durante 12 minutos o hasta que estén doradas. Sírvelas templadas.

Rinde para 15 raciones; tamaño de la ración: 1 galleta

Cada ración aporta: calorías: 99; grasa total: 3 g; grasa saturada: menos de 1 g; colesterol: 1 mg; sodio: 72 mg; fibra total: 1 g; proteína: 2 g; carbohidrato: 15 g; potasio: 102 mg.

Macedonia de fruta arcoíris

Para la macedonia
1 mango grande, pelado y cortado en cubos
2 tazas de arándanos frescos
2 plátanos en rodajas
2 tazas de fresas frescas, cortadas a la mitad
2 tazas de uvas sin semilla
2 nectarinas, con piel y cortadas en rodajas
1 kiwi pelado y cortado en rodajas
Para la salsa de naranja y miel
1/3 taza de zumo de naranja no azucarado
2 cucharadas de zumo de limón
1 cucharada y media de miel
una pizca de jengibre rallado
nuez moscada

Prepara la fruta. Combina todos los ingredientes de la salsa y mezcla. Antes de servir, vierte la salsa de naranja y miel sobre la fruta.

Rinde para 12 raciones; tamaño de la ración: una taza.

Cada ración aporta: calorías: 96; grasa total: 1 g; grasa saturada: menos de 1 g; colesterol: 0 mg; sodio: 86 mg; fibra total: 3 g; proteína: 1 g; carbohidrato: 24 g; potasio: 302 mg.

Pastel de melocotón

1/2 cucharadita de canela molida
1 cucharada de extracto de vainilla

2 cucharadas de maizena

1 taza de néctar de melocotón

1/4 taza de zumo de piña o melocotón (si lo deseas, usa el almíbar de los melocotones en lata)

2 latas de melocotones, sin almíbar y cortados, o 500 g de melocotones frescos

1 cucharada de margarina (de tarrina)

1 taza de mezcla para tortitas

2/3 taza de harina

1/2 taza de azúcar

2/3 taza de leche desnatada deshidratada

1/2 cucharadita de nuez moscada

1 cucharada de azúcar moreno

Combina la canela, la vainilla, la maizena, el néctar de melocotón y el zumo de piña o melocotón en una olla y calienta a fuego medio. Mezcla constantemente hasta que los ingredientes espesen y burbujeen. Agrega las rodajas de melocotón. Reduce el calor y deja cocer entre 5 y 10 minutos.

En otra olla derrite la margarina y aparta. Aceita ligeramente una bandeja de vidrio y vierte la mezcla de melocotón caliente.

En un cuenco combina el preparado para tortitas, la harina, el azúcar y la margarina derretida. Vierte a continuación la leche, y rápidamente cubre la mezcla de melocotón con estos ingredientes combinados. Mezcla la nuez moscada con el azúcar moreno y espolvorea la parte superior del pastel.

Hornea a 200° durante 15 o 20 minutos, o hasta que el pastel esté dorado. Deja enfriar y corta en 8 raciones.

Rinde para 8 raciones.

Cada ración aporta: calorías: 271; grasa total: 4 g; grasa saturada: menos de 1 g; colesterol: menos de 1 mg; sodio: 263 mg; fibra total: 2 g; proteína: 4 g; carbohidrato: 54 g; potasio: 284 mg.

Batido de verano

1 taza de yogur desnatado

6 fresas medianas

1 taza de piña de lata, con su jugo

1 plátano pequeño

1 cucharadita de extracto de vainilla
4 cubitos de hielo

Coloca todos los ingredientes en la licuadora y mezcla hasta convertirlos en un puré suave. Sirve en vasos fríos.

Rinde para 3 raciones; tamaño de la ración: una taza.

Cada ración aporta: calorías: 121; grasa total: menos de 1 g; grasa saturada: menos de 1 g; colesterol: 1 mg; sodio: 64 mg; fibra total: 2 g; proteína: 6 g; carbohidrato: 24 g; potasio: 483 mg.

Glosario

Aceites hidrogenados: grupo de aceites que son estabilizados a través del hidrógeno para asegurarles una mayor duración. Estos aceites son un subproducto del proceso que crea los ácidos transgrasos, capaces de incrementar los niveles de cLDL.

Ácidos grasos libres (AGL): átomos de carbono de cadena larga conocidos también como ácidos grasos saturados. Esta cadena de carbono no contiene uniones insaturadas (de doble enlace) entre los átomos de carbono. Un ácido graso libre cuya cadena de carbono posee uno o más enlaces dobles o triples es un ácido graso insaturado.

Ácidos grasos omega-3: presentes en los aceites de pescado, en particular los de aguas frías. Estos ácidos ayudan a reducir los niveles generales de colesterol en sangre y de cLDL.

Ácidos transgrasos: grasa derivada de un proceso industrial que estabiliza la grasa poliinsaturada. Los ácidos transgrasos podrían causar cáncer y cardiopatías.

Adventicia: capa externa de la pared arterial.

Aminoácidos: grupo de compuestos orgánicos nitrogenosos que actúan como unidades estructurales de las proteínas y resultan esenciales para el metabolismo humano.

Aorta: la arteria más grande del cuerpo. Suministra sangre a todo el organismo, y nace en el ventrículo izquierdo del corazón.

Arterias coronarias: arterias que suministran sangre al corazón. Las principales arterias son las coronarias izquierda y derecha, que se originan en la aorta. Otras arterias coronarias nacen de estas dos arterias principales y suministran sangre a los tejidos cardíacos.

Arteriosclerosis: grupo de alteraciones cardiovasculares que provocan que las paredes arteriales se ensanchen y endurezcan.

Ataque cardíaco: véase *infarto de miocardio*.

Aterosclerosis: forma de arteriosclerosis asociada a la formación de lípidos y placa en el revestimiento interior de las arterias.

Ayuno: abstinencia de tomar alimentos durante un período de tiempo. En la cuantificación de los lípidos y lipoproteínas en sangre y glucosa en sangre, el período de ayuno normal oscila entre 8 y 14 horas. Está permitido beber agua. También se lo conoce como estado postabsortivo.

Caloría: unidad de energía empleada para definir el valor energético de los alimentos (véase también *kilocaloría*).

Carbohidrato: moléculas que incluyen el almidón, la fibra y los azúcares simples. El carbohidrato se encuentra en alimentos como los cereales, las verduras y la pasta.

Carbohidrato complejo: el almidón, o los alimentos que contienen no sólo carbohidrato sino también fibra y otros nutrientes, que aportan minerales, vitaminas y azúcares naturales al organismo.

Carbohidrato simple: azúcares refinados (glucosa) presente en las golosinas, el azúcar de mesa y el sirope. Estos azúcares son descompuestos por el organismo para conseguir energía inmediata.

Cateterización del corazón: inserción de un catéter en una arteria de la pierna, que es conducido hasta la aorta y el corazón. Esta técnica permite obtener imágenes de las arterias para descubrir la formación de placa, y también apreciar los bloqueos y su localización. Este procedimiento es el principal método para diagnosticar aterosclerosis.

Colesterol: grasa presente en la mayoría de los tejidos animales que se utiliza para producir membranas y estructuras celulares. Es el componente básico de la síntesis de hormona esteroidea. Su exceso ha sido asociado con un mayor riesgo de desarrollar una cardiopatía prematura.

Colesterol bueno (cHDL): participa en el proceso inverso de transporte de colesterol. El exceso de colesterol es eliminado de la circulación periférica e impulsado por la HDL hacia el hígado, donde el colesterol es extraído de la partícula de HDL y excretado como bilis hacia el intestino delgado.

Colesterol malo (cLDL): participa en el movimiento del colesterol a partir del proceso digestivo de absorción. El cLDL se convierte en «malo» cuando se acumula en la sangre en cantidades excesivas (más de 100 mg/dl).

Consumo máximo de oxígeno: la mayor cantidad de oxígeno que el cuerpo puede utilizar. Empleado también como indicador del estado físico, queda determinado en parte por la genética. Debe ser cuantificado durante el nivel máximo de ejercicio, y aumenta después de los entrenamientos sucesivos.

Contracción concéntrica: la porción de una contracción muscular en la que el músculo se acorta.

Contracción excéntrica: la porción de contracción muscular en la que el músculo se estira.

Creatina fosfoquinasa (CPK): enzima que se observa predominantemente en el corazón, el cerebro y los músculos esqueléticos. Cuando el nivel de CPK en sangre es considerablemente elevado, suele indicar lesión o estrés en una o más de estas áreas.

Derivados del ácido fíbrico: fármacos que consiguen disminuir los triglicéridos e incrementar el colesterol HDL o «bueno». Estos medicamentos también pueden reducir ligeramente el colesterol LDL o «malo».

Diabetes: incapacidad de transportar glucosa desde la sangre hasta las células. En la diabetes tipo 1 (insulinodependiente), el páncreas libera una cantidad inadecuada de insulina. En la diabetes tipo 2 (no insulinodependiente), los niveles absolutos de insulina en plasma oscilan entre normales y elevados, pero son relativamente bajos en relación con los niveles de glucosa en plasma. También llamada diabetes de aparición gradual, la diabetes tipo 2 suele afectar a personas obesas de más de 35 años de edad.

Disbetalipoproteinemia familiar: trastorno hereditario en el que tanto el colesterol como los triglicéridos alcanzan niveles elevados en la sangre.

Diverticulosis: dolencia que provoca que se desarrollen bolsas en el intestino o la vejiga.

Endotelio: células que recubren la capa más interna, o íntima, de las arterias, las venas y el corazón.

Enfermedad coronaria: también llamada enfermedad coronaria cardíaca o cardiopatía, describe el estrechamiento de las arterias que suministran sangre al corazón. Este estrechamiento es el resultado de la inflamación y la formación de placa, compuesta por grasas y otras sustancias entre las que figuran plaquetas, fibrina, calcio y tejido conectivo.

Entrenamiento con peso: ejercicios que activan partes del cuerpo en todo su radio de movimiento utilizando un peso o resistencia. Este tipo de ejercicio sólo puede ser mantenido durante períodos breves. El objetivo de esta forma de entrenamiento es el desarrollo de fuerza y resistencia muscular.

Entrenamiento de resistencia: programa de ejercicios que implica a grandes grupos musculares que realizan movimientos rítmicos durante varios minutos. También llamado entrenamiento aeróbico o cardio, esta forma de ejercicio se centra en desarrollar la resistencia del sistema cardiovascular. Algunos ejemplos son caminar, correr, nadar, remar, subir escalones repetidamente, montar en bicicleta y bailar.

Enzimas: varias sustancias orgánicas producidas en células vegetales y animales que provocan cambios en otras sustancias promoviendo la acción.

Estatina: una clase de medicamento reductor de lípidos también conocido como inhibidor de la 3-hidroxi-3-metilglutaril coenzima A reductasa (inhibidor de la HMG-CoA reductasa), que reduce la cantidad de colesterol producido en el hígado.

Fibra insoluble: fibra no digerible que ayuda a eliminar las toxinas del colon y promueve el buen funcionamiento intestinal. La fibra insoluble se encuentra en los productos integrales, la piel de la fruta y las judías verdes.

Fibra soluble: fibra digerible que altera el proceso de la digestión al tiempo que ayuda a disminuir los niveles de cLDL y, por consiguiente, el riesgo de sufrir cardiopatías. Entre las fuentes de fibra soluble figuran el salvado de avena, las naranjas y las zanahorias.

Fitoestrógenos: compuestos químicos que incluyen a las isoflavonas, que son sustancias similares al estrógeno que se producen naturalmente en muchas plantas y hongos y son biológicamente activas en los humanos y los animales. La soja —particularmente el tofu y el miso—, y los cítricos, el trigo, el regaliz, la alfalfa, el hinojo y el apio son ricas fuentes de fitoestrógenos.

Fosfolípido: lípido sanguíneo similar a los triglicéridos que combina dos ácidos grasos libres y un fosfato en una molécula.

Fructosa: azúcar simple muy habitual en la fruta.

Glucosa: azúcar simple que compone moléculas de azúcar más grandes o que se utiliza como fuente de energía.

Grasa: sustancia grasosa presente en productos animales y algunos vegetales. Ciertos tipos de grasa están asociados más estrechamente a enfermedades crónicas como las cardiopatías.

Grasa endógena: grasa producida por el hígado. Es otra fuente de VLDL, que se convierte en el principal vehículo de transporte para los triglicéridos y actúa a partir de enzimas que provocan una mayor liberación de ácidos grasos libres. A medida que continúa la descomposición de VLDL, se acumulan numerosas partículas diminutas de lipoproteína LDL.

Grasa exógena: grasa que se absorbe durante la digestión. La grasa de la dieta es digerida por el intestino delgado y absorbida como ácidos grasos y colesterol. Estos lípidos absorbidos se combinan con apolipoproteínas y conforman el núcleo de grandes quilomicrones, que son liberados en el torrente sanguíneo a través del conducto torácico, donde son libres de moverse por todo el organismo.

Grasa monoinsaturada: ácidos grasos que contienen un enlace doble o tripe y son capaces de absorber hidrógenos. Estas grasas, que pueden absorber más hidrógenos y almacenar una cantidad superior de energía, son consideradas grasas sanas si se las consume en cantidades reducidas.

Grasa poliinsaturada: similar a la grasa monoinsaturada, excepto por el hecho de que este tipo de grasa contiene más de un enlace de carbono doble o triple. Es capaz de absorber más hidrógenos y almacenar una cantidad superior de energía, y está considerada una grasa sana si se la consume en cantidades reducidas.

Hipercolesterolemia: implica únicamente la presencia de elevados niveles de colesterol en sangre.

Hipercolesterolemia familiar heterocigota: trastorno autosómico dominante que provoca graves elevaciones del colesterol total y el cLDL.

Hiperlipidemia de tipo III: se desarrolla debido a un defecto en la eliminación de VLDL. Los individuos con esta afección tienen dificultades para eliminar de la sangre las partículas de VLDL ricas en triglicéridos, lo que provoca un incremento en el colesterol y los triglicéridos. También se la conoce como disbetalipoproteinemia familiar.

Hipertensión: alta presión arterial definida como una presión sistólica de 140 mmHg y una presión diastólica de 90 mmHg.

Hipertrigliceridemia: denota únicamente un elevado nivel de triglicéridos en sangre.

Homocisteína: un aminoácido que, cuando aparece en la sangre en cantidades excesivas, causa un mayor riesgo de cardiopatía. Este exceso puede tener razones genéticas, o bien ser producido por una deficiencia en una enzima llamada cistationina sintasa.

Infarto de miocardio (ataque cardíaco): cuando una parte de las arterias coronarias quedan completamente obstruidas debido a la formación de placa y la sangre ya no puede fluir hasta el corazón, las áreas que no reciben sangre mueren, porque sin sangre no reciben tampoco oxígeno. Cuando mayor sea la zona afectada por el menor flujo sanguíneo, mayor será el ataque cardíaco y peor la necrosis.

Inhibidores de la absorción de colesterol: nuevo tipo de fármacos creados para inhibir la absorción del colesterol biliar y proveniente de la dieta a través de la pared intestinal.

Insulina: hormona secretada por el páncreas. Esta hormona péptida promueve la utilización de glucosa, la síntesis de proteína y la formación y almacenamiento de lípidos.

Intensidad del ejercicio: ritmo de trabajo del ejercicio, o grado en el que se entrena. Otras descripciones de intensidad la describen como baja, moderada y enérgica. Muchos profesionales del ejercicio utilizan los términos *porcentaje de máxima capacidad funcional* o *porcentaje de máximo consumo de oxígeno*. La baja intensidad incluye cualquier actividad más exigente que dormir y menos dura que una caminata a paso ligero. Las actividades de intensidad moderada incluyen caminar a paso ligero, lo cual representa entre 3 y 6 MET de trabajo. Cuando realizas este tipo de actividad, deberías ser capaz de caminar a un ritmo de entre 4,8 y 6,5 km/ hora. La intensidad enérgica incluye cualquier actividad que requiera un trabajo superior a 6 MET. Un ejemplo de este tipo de acción es trotar o correr a un ritmo superior a 8 km/ hora.

Íntima: la capa más profunda de la pared arterial, que contiene al endotelio.

Intolerancia a la glucosa: grupo de enfermedades caracterizadas por un nivel anormalmente elevado de glucosa en sangre en ayuno (la glucosa que se cuantifica después de que un individuo se ha privado de consumir alimentos durante 10 o 14 horas), y relacionadas con la diabetes. Los valores de glucosa en sangre en ayuno superiores a 110 mg/dl suponen un riesgo de desarrollar diabetes en los próximos años. Se la conoce también como tolerancia anormal a la glucosa.

Isoflavona: estrógeno natural presente en los productos de soja, que ayuda a contrarrestar los síntomas menopáusicos y de endometriosis y protegen de la osteoporosis.

Kilocaloría: unidad de energía de 1.000 calorías utilizada para definir el valor energético de los alimentos y el consumo de energía.

Lipemia: concentración anormalmente elevada de lípidos en sangre.

Lípidos: cualquier miembro de un grupo de compuestos orgánicos formados por grasas (es decir, colesterol, triglicéridos, fosfolípidos) y otras sustancias de propiedades similares. Son insolubles en agua pero solubles en solventes grasos y alcohol. Presentan una textura grasosa.

Lipoproteína lipasa (LPL): enzima asociada a las paredes arteriales cuya principal función es eliminar la porción de triglicéridos de los quilomicrones y las partículas de VLDL.

Lipoproteína(a): también conocida como Lp(a), es una subclase única de LDL porque contiene la apolipoproteína(a), que es muy similar al plasminógeno de la sangre en su composición química. Puesto que la Lp(a) es químicamente semejante al plasminógeno, evita que éste disuelva los coágulos de sangre y que complete sus roles fisiológicos. Como resultado se incrementa la coagulación, lo que a su vez amplifica las últimas etapas de la cardiopatía. En general, niveles de Lp(a) en sangre superiores a 20 o 25 mg/dl implican un riesgo superior de desarrollar alguna enfermedad cardíaca prematura.

Lipoproteínas: partículas compuestas por colesterol, triglicéridos, fosfolípidos y proteínas. Debido a que los lípidos no son solubles —lo que quiere decir que no se mezclan con soluciones de base acuosa como la sangre y otros fluidos corporales—, las proteínas deben combinarse con lípidos para formar lipoproteínas y así trasladar los lípidos por el organismo. Las cuatro clasificaciones generales de lipoproteínas son quilomicrón, lipoproteína de muy baja densidad (VLDL), lipoproteína de baja densidad (LDL) y lipoproteína de alta densidad (HDL).

Lumen: espacio abierto en el interior de un vaso, como una arteria, por donde fluye la sangre.

Macrófago: célula grande que se origina como monocito e ingiere tejido muerto y otro material degenerado.

Media: capa de la pared arterial situada entre las capas íntima y adventicia. Contiene la mayoría de las células musculares lisas de la pared arterial.

MET: quiere decir «equivalente metabólico», y es una medida del trabajo y la capacidad del cuerpo para consumir oxígeno. Un MET es igual a la cantidad de oxígeno consumido en reposo (3,5 mililitros de oxígeno por kilogramo de peso corporal por minuto). Una persona que alcanza los 3 MET está consumiendo tres veces la cantidad de oxígeno que consume durante el reposo.

Modo de ejercicio: tipo de ejercicio realizado. Por ejemplo, correr y montar en bicicleta son diferentes modos de ejercicio. Los beneficios de uno sobre otro dependen de los objetivos y preferencias de cada individuo, pero lo importante es encontrar un modo que resulte agradable para quien se entrena.

Monocito: célula sanguínea circulante que es una de las primeras respuestas inflamatorias. Los monocitos se adhieren a la capa endotelial de la pared arterial; al final se mueven hasta el endotelio para llegar a la íntima, y allí comienzan a ingerir tejido muerto y degenerado.

Necrosis: muerte de una o más células o una porción de tejido a causa de un daño irreversible.

Niacina: vitamina B presente en la leche, el germen de trigo, la carne y otros alimentos. La niacina o ácido nicotínico resulta de extrema utilidad en pacientes con niveles bajos de cHDL, y es mejor que cualquier otro agente reductor de lípidos a la hora de elevar el cHDL en sangre y simultáneamente reducir los niveles de triglicéridos y cLDL.

No responsivos: individuos que presentan respuestas inferiores a las esperadas o no experimentan cambio alguno ni adaptación en su ejercitación física. En lo relativo a los cambios en el perfil de lípidos y lipoproteínas, estos individuos presentan una respuesta casi nula o inexistente después de un entrenamiento.

Obesidad: índice de masa corporal superior o igual a 30 kg/m². También se la define como una cantidad anormal de grasa en las áreas subcutáneas.

Óxido nítrico: radical libre incoloro y gaseoso que es un vasodilatador natural (aumenta el lumen de los vasos sanguíneos) y se forma en tejidos como el endotelio.

Período postabsortivo: período posterior a un tiempo de ayuno, en general de 8 horas. En estas condiciones estandarizadas, las grasas de la sangre, incluidas las concentraciones de triglicéridos, permanecen estables, como la glucosa en sangre.

Período postprandial: período de hasta 14 horas posterior a una comida. Durante este lapso, las grasas de la sangre que son absorbidas a través del proceso digestivo aumentan de forma estable y luego declinan. La grasa en sangre regresa a sus niveles previos a la ingesta de alimentos después de 8 a 14 horas. La lipemia exagerada o prolongada (período anormalmente extenso del que se vale la grasa de la sangre para recuperar sus niveles normales) está asociada a un mayor riesgo de cardiopatía.

Placa blanda: forma de aterosclerosis que se observa en el revestimiento interior de las paredes arteriales. Este tipo de placa está compuesta por grasas, en su mayor parte colesterol, algunos triglicéridos y fosfolípidos. También la forman otras sustancias (aunque en muy menor medida), como plaquetas, fibrina, calcio y tejido conectivo. La placa blanda es más susceptible de sufrir ruptura que la placa dura.

Placa dura: compuesta por grasas, en su mayor parte colesterol, pero también por triglicéridos, fosfolípidos y otras sustancias, incluidas las plaquetas, la fibrina, el calcio y el tejido conectivo.

Placa fibrolípida: forma avanzada de placa que contiene un centro lípido que cuenta con una cubierta o capucha fibrosa de tejido conectivo.

Plaquetas: discos de forma irregular presentes en la sangre, asociados al proceso de coagulación sanguínea.

Plasminógeno: precursor de la enzima plasmina y responsable de la disolución de los coágulos sanguíneos.

Preparación aeróbica: también llamada preparación cardiovascular, se refiere a la capacidad del cuerpo, en especial del corazón y el sistema cardiovascular, para ejercitarse. El término *aeróbico* alude al entrenamiento en que se consigue un correcto suministro de oxígeno a todos los tejidos. Las actividades que entran en esta clase de ejercicio incluyen caminar, trotar y montar en bicicleta.

Preparación anaeróbica: se refiere a la preparación muscular y a la capacidad de los músculos esqueléticos para trabajar en fuerza y resistencia. El término *anaeróbico* alude a la ejercitación que se lleva a cabo en ausencia de oxígeno. En otras palabras, para realizar el ejercicio no es necesario disponer de oxígeno. Las actividades suelen durar menos de un minuto e incluyen levantar pesas o realizar ejercicios que requieran grandes cantidades de trabajo en períodos breves.

Preparación cardiovascular: véase *preparación aeróbica*.

Preparación muscular: véase *preparación anaeróbica*.

Proteína: moléculas compuestas por hasta 20 aminoácidos esenciales presentes en la carne, los frutos secos y los huevos.

Rabdomiólisis: cuadro en el que una estructura muscular llamada sarcolema resulta dañada y las células filtran toxinas y proteínas hacia el torrente sanguíneo. Se produce a causa de una lesión directa de las fibras musculares, y puede derivar del uso de estatinas.

Radicales libres: moléculas de oxígeno reactivas y altamente inestables presentes en la sangre. El cLDL oxidado se adhiere de inmediato al recubrimiento de la pared arterial endotelial y es muy probable que forme placa arterial. También puede causar otros perjuicios en las membranas lípidas de las células de las capas íntima y media.

Repetición: número de veces en que se eleva un peso durante cada serie.

Resistencia a la insulina: se desarrolla cuando las células del cuerpo son incapaces de responder a las señales de la insulina. Esto provoca que los niveles de glucosa en sangre aumenten, y como resultado el páncreas produce todavía más insulina. Puesto que las células no pueden responder a las señales de la insulina, la glucosa en sangre crece excesivamente. La elevada resistencia a la insulina, así como los niveles de insulina demasiado altos, cambian la forma en que el organismo almacena energía, provocando que el cuerpo desvíe más energía hacia los almacenamientos de grasa. Esta condición está relacionada con la diabetes no insulinodependiente.

Responsivos: individuos que responden o se adaptan al ejercicio del modo esperado. Las personas responsivas deben contar con las adecuadas características genéticas que les permitan demostrar la respuesta esperada al ejercicio. Véase también *no responsivos*.

Secuestradores de ácidos biliares: medicamentos reductores de la cantidad de colesterol absorbido desde los ácidos biliares intestinales.

Serie: grupo de ejercicios sucesivos o repeticiones llevados a cabo sin período de descanso.

Síntesis del receptor de LDL: describe el proceso del movimiento normal del colesterol hacia el interior de las células.

Transporte inverso de colesterol: transporte del colesterol por parte de las HDL desde todas las zonas del sistema cardiovascular hasta el hígado, donde es descompuesto y excretado. En general, las partículas de HDL de la sangre de bajo contenido en colesterol y triglicéridos interactúan con otras lipoproteínas, como las denominadas VLDL, IDL y LDL, y acumulan colesterol y triglicéridos. Cuando la HDL está madura (es decir, que ya no puede acumular otros lípidos), regresa al hígado, donde el colesterol y los triglicéridos son eliminados. Entonces la HDL sin colesterol ni triglicéridos vuelve de nuevo a la circulación. Presentar niveles superiores de cHDL implica que el riesgo de sufrir una enfermedad cardíaca prematura ha disminuido.

Triglicérido: lípido de la sangre que combina tres ácidos grasos libres en una molécula y desempeña varias funciones, como almacenar grasa y construir membrana celular.

Trombo: coágulo de sangre formado en el sistema cardiovascular que puede o no bloquear el lumen, y que suele adherirse a la pared del vaso o a la formación de placa.

Unidad de repeticiones máximas (1RM): prueba utilizada para medir la máxima cantidad de peso que una persona puede levantar en una repetición. La prueba comienza calculando por lo bajo el peso que una persona puede mover, y a partir de entonces se añaden pequeñas cantidades de peso hasta que la persona sea incapaz de completar el movimiento.

Vitaminas solubles en grasa: incluyen a las vitaminas A, D, E y K, que se almacenan en el hígado y los tejidos grasos y son eliminadas mucho más lentamente que las vitaminas solubles en agua. Debido a que las vitaminas solubles en grasa quedan almacenadas durante largos períodos, en general suponen un mayor riesgo de toxicidad si son consumidas en exceso.

Bibliografía

American College of Sports Medicine (ACSM, 2000): *ACSM's guidelines for exercise testing and prescription.* 6.ª ed. Baltimore: Lippincott Williams & Wilkins.

—— 2001. *ACSM'S resource manual for guidelines for exercise testing and prescription.* 4.ª ed. Baltimore: Lippincott Williams & Wilkins.

—— 2005. *ACSM'S guidelines for exercise testing and prescription.* 7.ª ed. Baltimore: Lippincott Williams & Wilkins.

American Heart Association (AHA, 2005): *Heart Disease and Stroke Statistics, 2005 Update.* Dallas, Texas: American Heart Association.

Behall, K. M., D. J. Scholfield y J. Hallfrisch (1997): Effect of beta-glucan level in oat fiber extracts on blood lipids in men and women. *Journal of the American College of Nutrition* 16: 46-51.

DeBusk, R. F., U. Stenestrand, M. Sheehan y W. L. Haskell (1990): «Training effects of long versus short bouts of exercise in healthy subjects». *American Journal of Cardiology,* 65(15): 1.010-1.013.

Donnelly, J. E., D. J. Jacobsen, K.S. Heelan, R. Seip y S. Smith (2000): «The effects of 18 months of intermittent vs. continuous exercise on aerobic capacity, body weight and composition, and metabolic function in previously sedentary, moderately obese females». *International Journal of Obesiiy and Related Metabolic Disorders* 24: 566-572.

Durstine, J. L., P. W. Grandjean, C. A. Cox y P. D. Thompson (2002): «Lipids, lipoproteins, and exercise». *Journal of Cardiopulmonary Rehabilitation* 22: 385-398.

Durstine, J. L., P. W. Grandjean, P. G. Davis, M. A. Ferguson, N. L. Alderson y K. D. DuBose (2001): «Blood lipid and lipoprotein adaptations to exercise: A quantitative analysis». *Sports Medicine* 31(15): 1.033-1.062.

Durstine, J. L., M. D. Senn, B. P. Bartoli, P. Sparling, G. E. Wilson y R. R. Pate (1987): «Lipid, lipoprotein and iron status of elite and good women runners. *International Journal of Sports Medicine* 8 (supplement 1): 19-123.

Durstine, J. L., y P. D. Thompson (2001): «Exercise in the treatment of lipid disorders». *Cardiology Clinics* 19(3): 471-488.

Feigenbaum, M. S. (2001): «Exercise prescription for healthy adults). En *Resistance Training for Health and Rehabilitation*, eds. J. E. Graves y B. A. Franklin, 107.
Champaign, IL: Human Kinetics.

Grundy, S. M., J. I. Cleeman, C. N. Bairey Merz, H. B. Brewer, L. T. Clark, D. B. Hun-
ninghake, R. C. Pasternak, S. C. Smith y N. J. Stone (2004): «Implications of re-
cent clinical trials for the National Cholesterol Education Program Adult Treatment Panel III Guidelines». *Circulation* 110: 227-239.

Gyntelberg, E, R. Brennan, J. Holloszy, G. Schonfeld, M. Rennie y S. W. Weidman
(1977): «Plasma triglyceride lowering by exercise despite increased food inta-
ke in patients with type-IV hyperlipoproteinemia». *American Journal of Clinical Nutrition* 30: 716-720.

Halle, M., A. Berg, D. Konig, J. Keul y M. W. Baumstark (1997): «Differences in the
concentration and composition of low-density lipoprotein subfraction parti-
cles between sedentary and trained hypercholesterolemic men». *Metabolism*
46(2): 186-91.

Hammer, W. (2003): «That persistent muscle pain may be drug-induced». *Dynamic
Chiropractic* 21(5).

Heber, D., L. Yip, J. M. Ashley, D. A. Elashoff, R. M. Elashoff y V. L. W. Go (1999):
«Cholesterollowering effects of a proprietary Chinese red yeast rice dietary
supplement». *American Journal of Clinical Nutrition* 69: 231-236.

Hu, F. B., J. E. Manson y WC. Willett (2001): «Types of dietary fat and risk of co-
ronary heart disease: A critical review». *Journal of the American College of Nutrition* 20: 5-19.

Kraus, W. E., J. A. Houmard, B. D. Duscha, K. J. Knetzger, M. B. Wharton, J. S.
McCartney, C. W. Bales, S. Henes, G. P. Samsa, J. D. Otvos, K. R. Kulkarni y C.
A. Slentz (2002): «Effects of the amount and intensity of exercise on plasma
lipoproteins». *New England Journal of Medicine* 347(19): 1.483-1.492.

Morris, J., A. Kagan, D.C. Pattison, M. Gardnes, and P. Roffle. 1966. Incidence and
prediction of ischemic heart disease in London busmen. *Lancet* ii: 553-559.

National Cholesterol Education Program (NCEP, 1993): «Expert Panel on Detection,
Evaluation, and Treatment of High Blood Cholesterol in Adults (Adult Treat-
ment Panel II). Second report of the National Cholesterol Education Program
(NCEP)». NIH Publication núm. 93, 361, 662.

—— 2002. «Expert Panel on Detection, Evaluation, and Treatment of High Blood
Cholesterol in Adults (Adult Treatment Panel III). Third report of the National Cholesterol Education Program (NCEP)». NIH Publication núm. 02-52 15.

Nicolosi, R., S. J. Bell, B. R. Bistrian, L. Greenberg, R. A. Forse y G. L. Blackburn
(1999): «Plasma lipid changes after supplementation with beta-glucan fiber
from yeast». *American Journal of Clinical Nutrition* 70: 208-212.

Poppitt, S. D. (2005): «Postprandial lipaemia, haemostasis, inflammatory response and other emerging risk factors for cardiovascular disease: The influence of fatty meals». *Current Nutrition & Food Science* 1: 23-34.

Ross, R., y J. Glomset (1986): «The pathogenesis of atherosclerosis». *New England-Journal of Medicine: An Update* 314: 496.

Sharma, R. D., T. C. Raghuram y N. S. Rao (1990): «Effect of fenugreek seeds on blood glucose and serum lipids in type 1 diabetes». *European Journal of Clinical Nutrition* 44: 301-306.

Tjerk W, A. de Bruin, F. C. de Ruijter-Heijstek, D. Willem Erkelens y A. P. van Beek (1999): «Menopause is associated with reduced protection from postprandial lipemia». *Arteriosclerosis, Thrombosis, and Vascular Biology* 19: 2737.

U.S. Department of Health and Human Services (DHHS,1996): «Physical activity and health: A report of the surgeon general». Atlanta: CDC, NCCDPHP.

Willet, W. C., F. Sacks, A. Trichopoulou, G. Drescher, A. Ferro-Luzzi, E. Helsing y D. Trichopoulos (1995): «Mediterranean diet pyramid: A cultural model for healthy eating». *American Journal of Clinical Nutrition* 61: 1.402S-1.406S.

Índice alfabético

Nota: las cursivas *f* y *t* que aparecen a continuación de los números de página se refieren a figuras y tablas, respectivamente.

Acerca del autor

El Dr. J. Larry Durstine es director de programas clínicos de ejercicios y profesor del departamento de ciencia de la ejercitación en la Universidad de Carolina de Sur. Desde el año 1976 ha estado involucrado en el área de la investigación, centrándose en la evaluación de la ejercitación y los programas de entrenamiento tanto en personas sanas como en pacientes con enfermedades e incapacidades crónicas. Durstine es autor de más de treinta publicaciones científicas relacionadas con el impacto de la ejercitación regular sobre los niveles de colesterol en sangre. También ha escrito extensamente sobre temas como las pruebas físicas y la prescripción de medicamentos, y ha actuado como editor de varios libros de la ACSM (Universidad Norteamericana de Medicina Deportiva). Además, es miembro de la ACSM y la Asociación Norteamericana de Rehabilitación Cardiovascular y Pulmonar (AACVPR). Durstine fue elegido presidente de la ACSM durante el período 2005-2006.

En esta misma colección

PLAN DE ACCIÓN
es una serie de obras refrendadas por el American College
of Sports Medicine, de Estados Unidos y escritas por expertos
doctores tanto en la materia correspondiente como en Medicina
Deportiva. La aplicación del ejercicio o el deporte adecuado
a cada dolencia es una gran ayuda contra la enfermedad.
Para ello, estas obras son insustituibles.

PLAN DE ACCIÓN
CONTRA LA ARTRITIS
A. LYNN MILLAR

PLAN DE ACCIÓN
CONTRA LA DIABETES
DR. JARRYL E. BARNES

PLAN DE ACCIÓN
CONTRA LA HIPERTENSIÓN
DR. JON G. DIVINE

Si deseas recibir información sobre nuestras novedades

- Visita nuestra página web en Internet

  o

- Llámanos

  o

- Manda un fax

  o

- Manda un e-mail

  o

- Escribe

  o

- Recorta y envía esta página a:

 **Neo Person**

C/ Alquimia, 6
28933 Móstoles (Madrid)
Tels.: 91 614 53 46 - 91 614 58 49
Fax: 91 618 40 12
e-mail: alfaomega@alfaomega.es - www.alfaomega.es

Nombre: ....

Primer apellido: ....

Segundo apellido: ....

Domicilio: ....

Código Postal: ....

Población: ....

País: ....

Teléfono: ....

Fax: ....

e-mail: ....